LES
CATACOMBES ROMAINES

CIMETIÈRE
DE
SAINT-CALIXTE

PAR

L'ABBÉ NORTET
MISSIONNAIRE APOSTOLIQUE

SECONDE ÉDITION

ROME
CATACOMBES DE SAINT-CALIXTE

LES CATACOMBES ROMAINES

CIMETIÈRE
DE
SAINT-CALIXTE

VIA APPIA ANTICA. 28.

LES
CATACOMBES ROMAINES

CIMETIÈRE
DE
SAINT-CALIXTE

PAR

L'ABBÉ NORTET

MISSIONNAIRE APOSTOLIQUE

SECONDE ÉDITION

ROME
AUX CATACOMBES DE SAINT-CALIXTE
VIA APPIA ANTICA. 28.
1888.

Rome. Imprimerie de la Paix de Philippe Cuggiani. Rue della Pace, 35.

Lettre de l'auteur à M. le COMMANDEUR J.-B. DE ROSSI, *auteur de la* ROMA SOTTERRANEA CRISTIANA.

MONSIEUR LE COMMANDEUR,

Voici un petit livre qui veut se placer sous vos auspices. Et comment pourrait-il ne point le faire? Il est plus vôtre, en effet, qu'il n'est l'œuvre de celui qui s'en signe l'auteur. C'est de votre beau et grand travail, sur la ROME SOUTERRAINE CHRÉTIENNE, qu'il tire son origine; c'est là qu'il a puisé tous les éléments, toutes les idées, tous les faits, toute la sève, qui sont sa vie.

Tout mon but, à moi, n'a été que de vulgariser vos magnifiques découvertes, en les mettant à la portée de tous, par un exposé succinct, rapide, clair, et, autant qu'il m'a été possible, intéressant. Je n'ai pas prétendu faire passer, dans un si court abrégé, toute la science des Catacombes, tous les trésors que renferment vos célèbres ouvrages; j'ai voulu en dire assez, pour que les visiteurs des Cimetières chrétiens primitifs se souvinssent de ce qu'ils auront vu, pour que les autres désirassent de voir à leur tour, et que les uns et les autres prissent goût aux belles études de nos origines chrétiennes.

Puissé-je n'avoir pas été trop inférieur à la tâche que j'ai osé entreprendre!

Du reste, l'intérêt puissant que j'ai trouvé dans l'étude de vos ouvrages; les heures délicieuses que j'ai passées à vous suivre pas à pas dans vos merveilleuses découvertes; l'enthousiasme que vous avez su me faire partager pour les glorieuses nécropoles chrétiennes, me sont déjà une précieuse récompense.

Permettez-moi, Monsieur le Commandeur, de vous offrir l'hommage de mon travail, et de vous exprimer toute mon admiration et toute ma gratitude.

L'Abbé Nortet,
missionnaire Apostolique.

Rome, le 22 Novembre, 1887.

INTRODUCTION

I.

Quand la noble pensée de méditer les enseignements du passé vous amène à la Ville éternelle, si riche en souvenirs, bien des monuments divers appellent votre attention et sollicitent vos études. Mais j'ose dire que tout voyageur, à qui les questions religieuses ne sont point indifférentes, se sent plus puissamment attiré que jamais vers ces grandes nécropoles souterraines des premiers âges du Christianisme, dont le nom est aujord'hui dans toutes les bouches : les *Catacombes*.

Quel chrétien fervent pourrait s'en désintéresser ? Là revit la primitive Église, dans toute sa simplicité et sa ferveur ; là se retrouve la trace de nos mystères et des dogmes de notre foi ; là repose la poussière de nos premiers martyrs, morts pour Jésus-Christ.

Si vous cherchez des émotions pieuses, où en trouverez-vous de plus douces ? Si vous avez besoin de retremper votre courage, où rencontrerez-vous de plus beaux exemples ? Si ce sont des grâces de salut qui vous sont nécessaires, qui, plus puissamment que les martyrs, intercédera pour vous ?

Ils le comprenaient ainsi les pieux pèlerins des temps qui suivirent les siècles de persécutions, quand ils se montraient si intrépides à braver les périls des plus lointains voyages, pour venir en foule vénérer les tombeaux des apôtres Pierre et Paul, des martyrs Urbain, Corneille, Sixte, Eusèbe, Hippolyte, Sébastien, des vierges martyres Cécile, Agnès, et de tant d'autres.

Ils ne peuvent non plus se désintéresser de l'étude des Catacombes, les hommes sincères des diverses confessions évangéliques, qui se disent comme nous les disciples de Jésus-Christ et les frères des Chrétiens des premiers siècles.

C'est en ces lieux sacrés qu'ils verront tracés de la main des premiers fidèles, sur les murailles de leurs églises souterraines, les touchants symboles des dogmes et des mystères que des esprits novateurs et téméraires ont tenté de faire rejeter comme des inventions superstitieuses de siècles barbares.

Et les savants, et tous ces ardents ouvriers de la science historique, si scrupuleux de nos jours à remonter aux sources, à interroger les monuments, se désintéresseront-ils de demander aux Catacombes le secret de l'histoire de la primitive Église ? Hélas ! tant de feuillets de cette histoire furent arrachés par des mains payennes, surtout par la main criminelle entre toutes de ce Dioclétien, qui crut anéantir le Christianisme en brûlant, avec les Chrétiens, leurs édifices, leurs livres sacrés, leurs registres et les actes de leurs martyrs ! Aussi la nuit s'était faite sur ces temps ; mais voici que les Catacombes ont soulevé un coin du voile, et qu'un jour inespéré commence à luire pour nous.

Car des hommes éminents ont compris

l'importance de ces témoins mystérieux d'âges oubliés, restés silencieux depuis tant de siècles, et ils viennent de les faire parler avec une éloquence incomparable. Avec quelle patience et quelle ardeur ils ont consacré leur vie et leur génie à rechercher, à révéler, à ressusciter la Rome souterraine et chrétienne des premiers âges !

Qu'il nous soit donc permis, pour une modeste part du moins, de venir divulguer leurs travaux, de les faire connaître à tous les voyageurs, curieux des grandes découvertes de la science, qui voudront venir à ces merveilleuses Catacombes pour s'y instruire et méditer.

II.

Nous tenons à déclarer, dès le début de notre travail, que nous n'avancerons rien ici de nous-mêmes, nous ne serons que l'écho de celui qui est le grand maître en cette science des Catacombes : M. le Commandeur de Rossi. Avec une connaissance profonde de l'histoire et des monuments, il a prévu d'abord scientifiquement les belles découvertes que nous voyons maintenant réalisées; puis établi les faits sur des bases incontestables, et déduit ensuite les lumineuses conséquences, que sa modestie n'impose à personne, mais que, pour notre part, nous ne pouvons que pleinement adopter; et il a consigné les résultats de tous ces travaux en des livres qui seront à leur tour des monuments pour les siècles à venir.

Nous n'avons, dans cet humble opuscule, qu'à nous faire l'abbréviateur concis et fidèle de ses ouvrages; c'est du moins notre volonté, c'est aussi notre espoir.

Car notre but, auprès de ceux qui voudront bien nous accepter pour guide aux Catacombes, c'est de leur donner des connaissances sommaires, mais suffisantes, pour qu'ils fassent leur visite avec fruit, s'ils nous lisent auparavant; et du moins pour les aider à se ressouvenir dans la suite de ce qu'ils n'auront vu que rapidement.

Quant à fournir les preuves complexes qui confirmeraient l'exposé que nous allons entreprendre, nous ne le ferons point; des discussions et des arguments seraient fastidieux en un si petit ouvrage. Le fondement de toutes nos assertions et de toutes nos interprétations des faits, c'est la Roma Sotterranea Cristiana de M. le Commandeur de Rossi, sans laquelle nous n'avons rien affirmé.

Un mot encore de l'objet précis de notre travail.

Ce n'est point à la connaissance détaillée de toutes les Catacombes de Rome que nous nous proposons d'initier nos lecteurs, ce serait une tâche trop grande, trop lourde pour nous, et pour eux une fatigue inutile. Nous les initierons d'abord à des connaissances et à des idées générales, concernant toutes les catacombes; mais ce sera pour les conduire ensuite avec plus de fruit à celle qui, entre toutes, est la plus importante, la plus intéressante, et la plus instructive, celle qui, succédant au cimetière de la colline Vaticane, devint à son tour, au troisième siècle, le *Cimetière des Papes*, la *catacombe de Saint-Calixte*. Là ils recueilleront, par leurs propres yeux, les témoignages et les enseignements que l'étude des autres ne ferait que confirmer.

III.

Entrons donc résolument dans la voie qui doit nous conduire aux Catacombes de Saint-Calixte.

C'est l'antique voie Appienne, la reine des voies romaines, comme on disait autrefois, mais la reine aussi des voies chrétiennes, comme on peut le dire aujourd'hui. Car, si elle est digne du premier titre, selon le P. Marchi, parce qu'elle surpasse toutes ses rivales en grandeur, parce que nulle autre ne fut bordée d'aussi beaux édifices et d'aussi magnifiques tombeaux, parce qu'aucune n'a été foulée par un aussi grand nombre de nations vaincues et n'a été le témoin d'autant d'événements fameux ; l'histoire de la Rome chrétienne lui donne des titres de gloire incomparablement plus solides, plus justes et plus indiscutables, par le nombre et l'étendue de ses cimetières, par la multitude et la célébrité de ses martyrs et surtout par la rénovation religieuse et sociale que les grands Papes, ensevelis le long de cette voie, ont conquise à l'Europe et au monde, en triomphant du paganisme par le martyre.

Hélas! les gloires du passé pour la voie Appienne ne sont plus que des ruines, comme toutes les gloires du monde. Vous venez de quitter le Colisée, laissant à votre droite les ruines du Capitole, du Forum, des palais des Césars, et voici devant vous les ruines des Thermes de Caracalla, toutes ruines gigantesques, qui vous attestent éloquemment la vanité et le néant de toutes les grandeurs et de toutes le magnificences du plus étonnant des empires de la terre. Vous saluez un peu plus loin des ruines toujours, le tombeau des Scipions, les plus grands capitaines du plus puissant peuple du monde; puis vous franchissez la porte Saint-Sébastien, et vous êtes dans la campagne romaine.

Tandis que vous méditez encore sur les ruines de la grande Rome et sur ses grands hommes, voici que les souvenirs chrétiens, moins retentissants, mais plus chers à l'humanité, sollicitent à leur tour vos pensées.

Au second mille de la voie Appienne, à

partir de la porte Capène, qui n'est plus, après avoir traversé le val de l'Almone, vous trouvez sur la gauche une petite Église, à laquelle se rattache une tradition aussi ancienne que touchante.

En l'an 67 de l'Incarnation de Notre Seigneur, la persécution contre les Chrétiens étant dans toute sa violence, Pierre, le prince des Apôtres et le premier Évêque de Rome, fuyant les fureurs de Néron à la faveur des ténèbres de la nuit, rencontre le Sauveur qui semblait diriger ses pas vers la ville. Pierre le reconnaît et tout ému lui demande : — " Seigneur, ou allez-vous ? *Domine, quo vadis?* „ Jésus lui répond : — " Je vais à Rome, pour y être de nouveau crucifié. „

Pierre comprit la leçon sublime ; il rentra dans la ville, où bientôt il fut pris, jeté dans les liens, et, comme son maître, crucifié. De ce moment les cimetières chrétiens prirent commencement, et aussi le grand livre des annales d'un monde nouveau.

Au lieu de la rencontre du maître et du disciple, on bâtit un petit édifice dont celui qui est devant vous rappelle le souvenir ; et le peuple chrétien l'appela le *Domine quo vadis*. Ce sanctuaire est modeste, mais il est cher aux âmes qui passent par les tribulations et les souffrances.

A ce même endroit, aujourd'hui, prend naissance la voie Ardéatine, qui se dirige à droite, du côté de l'antique Ardée, tandis que la voie Appienne continue sa trace en ligne droite du côté d'Albano, pour de là se prolonger jusqu'à l'extrémité de l'Italie.

Or, c'est dans l'angle formé par ces deux voies que se trouvent les Catacombes de Saint-Calixte, comprenant à la fois et le célèbre cimetière de ce nom, et les galeries immenses, mais encore peu accessibles, du cimetière de Sainte-Balbine et de l'arénaire de Saint-Hyppolyte.

Cette terre sainte est connue aussi sous le nom vulgaire de *Vigne* des Catacombes de Saint-Calixte.

IV.

La vigne des Catacombes de Saint-Calixte s'étend le long de la voie Appienne, l'espace d'un mille environ, depuis le sanctuaire *Domine quo vadis*, jusque vers la célèbre basilique de Saint-Sébastien *ad Catacumbas*. Elle se limite, au couchant, par la voie Ardéatine, et se termine, au midi, à une troisième voie, d'origine chrétienne, la voie des *Sept Églises*, [1] qui relie la basilique de Saint-Paul-hors-les-murs à celle de Saint-Sébastien.

Elle s'élève en pente douce jusqu'à l'entrée qui mène de la voie Appienne aux Catacombes. Là se trouve le point culminant de la colline. De ce point le regard se prolonge librement au loin, des bords de la Méditerranée, qui se confondent avec l'horizon, jusqu'aux cimes neigeuses des Apennins, qui se perdent dans les nuages. Plus près de vous, Rome se déploie à vos yeux en un magnifique panorama, avec ses coupoles majestueuses et les ruines gran-

---

[1] Ces Sept Églises sont les basiliques de Saint-Pierre au Vatican, de Saint-Paul-hors-les-murs, de Saint-Sébastien *ad Catacumbas*, de Saint-Jean de Latran, de Sainte-Croix de Jérusalem, de Saint-Laurent-hors-les-murs et de Sainte-Marie Majeure. De nombreuses indulgences sont attachées à la visite de ces Sept Églises, auxquelles les Romains et les pieux pèlerins eurent de tout temps une grande dévotion.

dioses de ses antiques monuments. Plus loin, vers l'Orient, s'étagent les belles montagnes de la Sabine, avec Tivoli et les restes de Tibur, la cité d'Horace, à leurs pieds. Viennent à la suite, plus près de la mer, les monts Albains, avec Frascati et les restes de Tusculum, puis Marino, Castel Gandolfo, Albano, Genzano, qui se développent en une longue ligne de maisons gracieuses et brillantes aux derniers rayons du soleil couchant, là où fut Albe-la-Longue, la vieille Cité des Latins. Enfin, vers l'ouest, vos regards s'arrêtent à des collines plus modestes et moins lointaines, qui dessinent le cours sinueux du Tibre à travers l'immense Campagne Romaine.

Quel splendide spectacle!

Hélas! pourquoi faut-il qu'en ramenant nos regards plus près de nous, en les abaissant à nos pieds, nous ne rencontrions plus qu'une plaine désolée, où l'on ne retrouve le souvenir des grandeurs passées que dans les innombrables débris de marbre, de porphyre, de sculptures, mêlés à la terre du sol, dans un cahos de fragments de briques et de poteries? La main de Dieu a passé par là.

Mais pourquoi, à côté de la Rome nouvelle, régénérée par tant de générations chrétiennes, qui l'ont sanctifiée ; restaurée par tant de grands Pontifes, qui l'ont dotée de monuments, les plus splendides de l'Univers ; décorée par tant de génies incomparables, qui en on fait le sanctuaire de l'art chrétien ; pourquoi, dis-je, la Campagne Romaine ne s'est-elle pas relevée, elle aussi, de ses désastres? Plus d'une fois les Papes l'ont tenté, mais il n'ont pu y réussir.

On pourrait sans doute en apporter bien des raisons plausibles, qu'il n'entre pas dans notre dessein d'exposer. On peut dire surtout que la *malaria*, ce triste produit des miasmes enfiévrés des Marais Pontins, fut de tout temps l'ennemi redoutable des champs qui entourent la Ville éternelle. Mais peut-être faut-il reporter plus haut nos pensées, et reconnaître que Dieu n'a pas voulu que les lieux sacrés, qui furent la sépulture des martyrs, se peuplassent de villas superbes, s'embellissent de jardins luxueux, comme aux abords de villes moins saintes, et devinssent des lieux de plaisir et souvent de péché. Mieux valait sans doute que les pauvres laboureurs, simples et ignorants, vinssent seuls fouler cette terre bénie, pour y faire germer quelques grains de blé et fleurir quelques pampres de vigne, — le blé et la vigne si chers aux martyrs, — en attendant le moment où les sépultures des Saints pourraient être remises en des mains pieuses, où la terre qui les recouvre pourrait redevenir, comme aux premiers temps, un cimetière chrétien.

Grâce à Dieu et à ses Pontifes, ces temps bénis paraissent arrivés.

V.

Quand, par un secret dessein de la Providence, les Catacombes romaines furent retrouvées; quand, par les travaux célèbres de Bosio, le Christophe Colomb de la Rome souterraine, l'attention publique fut ramanée vers les antiques cimetières chrétiens: la curiosité, la piété, la science ne cessèrent plus de s'y intéresser. Des savants tels que Fabretti, Boldetti, Marangoni, par de nobles efforts, surent entretenir la flamme et transmettre jusqu'à nous l'amour saint de ces lieux vénérables, et le désir ardent d'y faire des découvertes nouvelles. Alors, par le P. Marchi, Conservateur des cimetières sacrés, par M. de Rossi, son élève, furent remis en un jour éclatant les merveilles de nos vieilles nécropoles.

Pourtant, le siècle achevait déjà la moitié de son cours, et le cimetière le plus important par son origine, par ses tombes glorieuses, par ses richesses archéologiques et historiques, restait encore à retrouver. Bosio ne l'avait pas reconnu, le P. Marchi ne croyait pas la découverte possible, seul M. de Rossi s'était formé scientifiquement une conviction invincible. Il indiquait la position du célèbre cimetière avec précision ; il affirmait que les fouilles produiraient d'étonnantes conquêtes ; il sollicitait vivement l'acquisition du terrain.

Aussi, le vénéré Pie IX, frappé d'une si ferme assurance dans le jeune archéologue, dont il appréciait le mérite, se rendit à ses désirs, et nomma une Commission d'Archéologie Sacrée pour acheter la terre, commencer les travaux et diriger des recherches dont le résultat, si positivement annoncé, fut la découverte de tout l'ensemble du Cimetière de Calixte.

La terre était divisée en plusieurs parcelles aux mains de divers possesseurs, on en fit un petit domaine pontifical, et par là se trouva assurée la conservation de l'une des plus précieuses conquêtes de la science archéologique.

C'est là cette vigne des Catacombes, que nous avons décrite dans le pages qui précèdent, vigne autrefois des Moroni, des Cardelli, des Cassini, des Amendola et des Molinari, aujourd'hui heureusement devenue la vigne des Sacrés Palais Apostoliques.

La conservation de tant de sépultures sacrées ayant été ainsi assurée en la possession des Papes, Léon XIII voulut davantage encore, et il confia la garde de cette terre sainte à des mains pieuses et consacrées à Dieu. Sa pensée fut que la poussière des martyrs ne restât pas sans culte et dans un plus long oubli. De nouveau le Saint Sacrifice devait être offert chaque jour sur ce sol sacré ; jour et nuit les louanges de Dieu devaient y être chantées en union avec les Saints, et une prière perpétuelle solliciter leurs suffrages en faveur de l'Église toujours militante, toujours éprouvée.

Dans cette noble pensée, le pieux Pontife fit appel à des fils de Saint-Bernard, aux disciples de Rancé, les Trappistes de l'Abbaye de Sainte-Marie-du-Mont, au diocèse de Cambrai.

Depuis quatre ans déjà, une petite colonie de ces rudes moines, répondant avec amour aux désirs de Léon XIII, est aux Catacombes de Saint-Calixte, à l'œuvre, à la peine, devrais-je dire. Car, méprisant l'inclémence du climat, ne comptant ni avec la maladie, ni avec la mort, travaillant la terre de leurs propres mains sous un ciel de feu, ces hommes, venus du nord pour vivre avec les martyrs, ne semblent être là que pour subir un long martyre, à leur tour.

Très Saint Père, que vous avez bien

choisi en les appelant pour veiller et prier sur les tombeaux des premiers serviteurs du Christ !

Pour vous, pieux voyageurs, qui viendrez visiter ces Catacombes, tout en recueillant les suffrages des Saints que vous aurez invoqués, vous remporterez aussi de grandes leçons et de grands exemples de la part de ces moines que vous y aurez recontrés.

Mais quittons ces humbles gardiens des Catacombes; aussi bien, leur modestie s'offense déjà du peu de paroles que nous ayons osé dire à leur louange. Parlons maintenant de ces lieux souterrains que nous devons visiter, afin d'en mieux comprendre les merveilles quand nous allons y pénétrer.

PREMIÈRE PARTIE.

NOTIONS GÉNÉRALES SUR LES *CATACOMBES*.

CHAPITRE PREMIER.

Origine et signification du mot *Catacombe*.

La signification des mots se tire ordinairement de leur étymologie. Or il est difficile d'assigner la véritable origine étymologique du mot *catacombe*.

Faut-il le faire venir de κατακύμβη [1], qui signifie la partie d'une nacelle qui plonge dans les flots? ou bien faut-il le composer de la préposition grecque κατά et du radical latin *cumbo* [2], ce qui donnerait au fond la même idée que la précédente racine, c'est à dire l'idée d'un lieu bas et humide, comme l'est en effet la petite vallée où se trouvent la basilique de Saint-Sébastien et le cirque de Maxence, désignés l'une et l'autre, dans les anciens documents, par l'expression complétive *ad catacumbas*? Enfin, vaut-il mieux, avec M. de Rossi, le dériver

---

[1] De κατά qui marque la descente, et de κύμβη, *cymba*, nacelle.
[2] *Procumbo, succumbo,* etc. en sont formés, et renferment une idée de descente, de vallée.

de κατά et de *cubo* [1], ce qui serait conforme à la signification de *cœmeterium?* [2].

J'incline fort vers cette dernière interprétation, je l'avoue, et dans ce cas ce serait le cimetière qui aurait transmis à la vallée et à la région qui l'avoisine la dénomination *ad catacumbas*, et non point le cimetière qui l'aurait reçu de la vallée.

Toujours est-il que de nos jours le sens du mot *catacombe* est fixé; il signifie ces lieux souterrains où les premiers chrétiens donnaient la sépulture à leurs frères, sans distinction de rang, ni de condition, si ce n'est pour les martyrs, dont la tombe était toujours entourée d'honneur et l'objet d'un culte religieux. Et non-seulement à Rome, mais à Naples, à Malte, en Sicile, en Egypte, à Paris, en tous les lieux où l'on a trouvé des cryptes sépulcrales, nous les appelons des *Catacombes*. Il n'en fut pas ainsi dans le principe. Ce n'est qu'au neuvième siècle que, pour la première fois, ce mot fut pris dans le sens que nous lui donnons aujourd'hui. Aux premiers âges de l'Église, on disait *cœmeterium*, *dormitorium*, c'est à dire lieu de repos, pour l'ensemble des sépultures, et *depositio*, lieu de dépôt, pour une sépulture particulière: touchantes appellations qui rappelaient que l'athlète chrétien, dans le sommeil de la tombe, se repose de ses combats en attendant le triomphe de la glorieuse résurrection.

---

[1] *Cubo* veut dire *être couché pour dormir*.
[2] *Cœmeterium*, cimetière, lieu où l'on dort.

Il est certain, d'autre part, que, seul, le cimetière de Saint-Sébastien fut désigné, dans les temps les plus anciens, par le nom de *Catacombe*, à l'exclusion de tous les autres, même les plus voisins de sa région. Dans les siècles subséquents, tous les autres cimetières primitifs ayant été peu à peu délaissés, et leur emplacement même oublié, celui de Saint-Sébastien resta seul fréquenté et devint un lieu de pèlerinage universellement connu sous le nom de *Catacombes*. Par ce motif on finit par attribuer à ce mot l'idée de cimetière souterrain. Aussi, quand plus tard les autres cimetières des premiers siècles furent successivement découverts et explorés, on leur conserva par analogie et par habitude le nom de *Catacombes*, qu'ils ont depuis toujours gardé.

CHAPITRE SECOND.

Erreurs modernes sur l'origine et l'usage des Catacombes.

Jusqu'au milieu de ce siècle, l'opinion commune voulait que les immenses galeries des Catacombes fussent d'origine payenne. On croyait, et trop de gens le croient encore, que les Catacombes n'étaient autres que les excavations faites par les Romains, pour extraire les matériaux, dont ils avaient bâti leur ville et leurs remparts. Les entrées de ces carrières souterraines, oubliées depuis longtemps, auraient été découvertes, à l'époque des persécution, par les propriétaires chrétiens des champs où elles se trouvaient enclavées. Dès lors les Pontifes Romains et les prêtres s'y seraient réfugiés, dans le secret et dans le mystère, pour la prédication de l'Évangile, pour la célébration du saint sacrifice, pour la sépulture des martyrs et des autres fidèles, obligés qu'ils étaient de cacher tous leurs actes religieux aux regards des payens afin de ne point se trahir.

Ainsi, ce serait dans les carrières de la vieille Rome que l'Église se serait formée, qu'elle aurait grandi, qu'elle aurait vécu de sa vie religieuse pendant trois siècles, dans le secret, dans le mystère, et à l'abri du regard indiscret des persécuteurs.

En un mot, les vieilles carrières romaines devenues l'asile des Chrétiens, seraient le berceau de l'Église.

Est-ce vrai? Est-ce possible?

Ni l'histoire, ni les monuments, ni les lieux ne se prêtent à cette théorie longtemps acceptée. Elle est ingénieuse sans doute; elle ne manque pas de poésie, ni même d'une certaine vraisemblance; mais elle est fort loin de la vérité. La science, en nos jours, a éclairé le problème, et pas un point de la véritable origine des Catacombes n'est resté dans l'ombre ou dans l'incertitude.

Non, les Catacombes ne sont pas d'anciennes carrières romaines. La nature du sol, le mode d'excavation de leurs étroites galeries nous le montrent jusqu'à l'évidence.

Non, les Catacombes n'étaient point des cimetières cachés, ni l'asile secret des assemblées religieuses, ni partant le berceau de l'Église. L'Église a grandi et vécu au grand jour, malgré les persécutions; toute l'histoire des premiers siècles en fait foi.

Les Catacombes étaient des lieux de sépultures légalement constitués et parfaitement connus de l'autorité.

On y accomplit sans doute des cérémonies religieuses; on y célébra souvent les saints mystères, sur les corps, ou auprès des corps des martyrs; on y tint des réunions secrètes et l'on s'en servit quelquefois comme de refuges, surtout aux moments les plus douloureux des persécutions; mais tous ces actes ne constituaient pas la vie ordinaire et commune de l'Église. Avec le nombre extraordinaire et toujours grandissant des fidèles, cacher l'Église dans les Catacombes, qu'on y réfléchisse, c'était impossible !

Les faits du reste vont parler.

CHAPITRE TROISIÈME.

L'origine chrétienne des Catacombes démontrée par la géologie du sol.

La géologie du sol des Catacombes donne une preuve matérielle de l'origine chrétienne et non payenne de ces premiers cimetières de l'Église.

Tout le sol de la Campagne Romaine est d'origine volcanique. Des volcans sous-marins, d'une puissance extraordinaire, ont vomi des masses énormes de scories au sein des eaux. La mer à son tour, et peut-être aussi d'autres phénomènes géologiques, dissolvant, décomposant et mélangeant ces matières, en a formé des dépôts de roches plus ou moins solides ou friables, plus ou moins compactes ou poreuses, plus ou moins terreuses, argileuses ou libres de ces éléments. Ces roches se divisent en trois classes, sans tenir compte des variétés intermédiaires.

La roche la plus ancienne et la plus compacte, sans être bien pesante, ni bien dure, est éminemment propre aux constructions. De fait elle fut, à toute époque, utilisée par les Romains. Les anciens l'appelaient *lapis ruber* [1], à cause de sa couleur rouge-sombre, ou *saxum quadratum* [2], à cause de la forme qu'on lui donnait en la taillant. Elle est à la base

---

[1] Pierre rouge.
[2] Pierre carrée.

de presque toutes les collines de la ville, et la célèbre roche Tarpéienne en est formée. Les modernes l'appellent *tuf lithoïde*.

La seconde espèce de roche est moins consistante et moins dure que la première. Elle se compose de grains agglomérés, dont l'adhérence n'est pas assez forte pour la rendre propre aux constructions. Elle se délite vite à l'air et à l'humidité. Dans les souterrains, on la taille facilement et l'on peut y pratiquer des excavations sans danger. On l'appelle *tuf granulaire*.

Enfin la troisième espèce, qui est de même nature que la précédente, est beaucoup plus friable. On l'extrait facilement, comme on le fait du sable en d'autres contrées. Quand elle est pure de terre et d'argile, elle forme avec la chaux cet excellent ciment romain, bien connu de tous, et tant vanté par Vitruve. Les géologues l'appellent *tuf friable*, et le vulgaire *pouzzolane* [1].

De ces notions il résulte qu'il existe des carrières très anciennes dans le tuf lithoïde. On les a retrouvées en effet; mais dans aucune il n'y a trace de sépultures chrétiennes, ni d'usage d'aucune sorte que les Chrétiens en auraient fait en aucun temps.

Il faut presque en dire autant des *arénaires* [2], d'où l'on a extrait la pouzzolane. Les Chrétiens les ont connus, ils en ont rencontrés dans le voisinage

---

[1] De Pouzzole, près de Naples, dont le sol volcanique produit ce tuf en abondance.

[2] Sablières souterraines.

de leurs Catacombes et en ont fait quelque usage, à certaines époques ; mais cet usage fut très restreint et tout momentané.

Au contraire, le tuf granulaire étant à peu près inutile aux payens, ceux-ci ne l'ont pas exploité. Mais les Chrétiens, le trouvant facile à tailler, assez résistant, suffisamment solide, y creusèrent, en tous sens, et même à des étages différents, des galeries innombrables, des sépulchres à l'infini, et aussi de vastes chambres sépulcrales. Ils y multiplièrent en un mot ces grandes nécropoles souterraines, qui font notre admiration et notre étonnement.

Rien n'est mieux démontré que l'origine chrétienne de ces travaux, par leur structure architectonique mise en parallèle avec celle des excavations que firent les payens, pour extraire la pouzzolane et d'autres materiaux de construction.

Dans les arénaires, par exemple, les galeries sont larges, peu élevées et sinueuses. La largeur des voies, qui d'ordinaire est de deux ou trois mètres, va jusqu'à cinq mètres quand la pouzzolane est plus compacte et résistante. Les parois et les voûtes sont taillées sous une forme à peu près elliptique, et les intersections des galeries sont toujours adoucies, arrondies, et non à vives arêtes. On voit qu'on s'est préoccupé d'extraire en grande quantité des matériaux utiles, et que l'on a voulu rendre facile aux ouvriers la circulation dans les souterrains et l'introduction des véhicules nécessaires aux transports.

Bien différentes, au contraire, sont les galeries

des cimetières chrétiens. Ici, les voies toujours rectilignes, toujours coupées entre elles à vives arêtes, à angles droits, toujours à parois verticales, parfois très élevées, avec des voûtes planes ou légèrement arquées, et surtout toujours étroites, pourraient à peine, et très rarement, laisser circuler deux hommes de front. On reconnaît que l'on ne s'est point préoccupé de faciliter l'enlèvement des matériaux produits par l'excavation ; on voit, au contraire, que ces matériaux étaient employés à remplir les galeries, précédemment ouvertes, une fois qu'elles étaient entièrement garnies de tombeaux.

Ajoutons que, si les Chrétiens n'avaient fait qu'utiliser des excavations pratiquées avant eux, on en trouverait encore de semblables, vides de sépultures chrétiennes, en dehors de la zône où les catacombes sont toutes renfermées. Mais ce fait ne s'est jamais rencontré.

Les cimetières chrétiens sont donc vraiment l'œuvre des seuls Chrétiens.

CHAPITRE QUATRIÈME.

Condition sociale de l'Église aux premiers siècles.

Après la géologie, interrogeons l'histoire.

L'Église, en s'élevant et en grandissant au milieu des Juifs et des payens, n'affecta point de rompre avec la société qui l'entourait. Il semble au contraire qu'elle se soit appliquée à contredire le moins possible les lois, les usages, les mœurs de ces nations. Elle n'hésita même point à se les approprier en tout ce qui n'était pas contraire à la loi de Dieu, ni repoussé par la conscience des fidèles. C'était la règle donnée par le grand apôtre des Gentils, ce fut la loi de l'Église chez tous les peuples, dans tous les âges.

Si donc l'Église, dès le début de la prédication de l'Évangile, rencontre à Jérusalem des haines et des persécutions dont on connaît la cause, elle ne trouve point d'obstacles parmi les nations. A Rome même, elle se recrute librement non-seulement parmi les Juifs, mais parmi les payens des toutes les classes de la société, même dans les plus nobles familles et jusque dans la maison de César[1]. Personne ne songeait à entraver cet essor. Le gouvernement impérial, qui ne voyait dans les Chrétiens qu'une

---

[1] Ép. aux Philip. IV, 22.

secte juive, leur laissait la même liberté que la loi romaine accordait aux Juifs depuis Auguste [1].

Les Chrétiens, pendant trente ans, bénéficièrent de cette confusion ; et, à l'ombre de la loi, favorisés d'ailleurs par le droit des familles, ils purent tenir des réunions privées, sans exciter la jalousie des payens.

Ce furent les Juifs non convertis qui vinrent troubler la sécurité des fidèles.

Ils ne pouvaient voir sans haine la religion de Jésus crucifié, leur opprobre, s'étendre en quelque sorte sous leurs auspices, et prospérer. Partout ils se mirent à dénoncer les Chrétiens comme n'étant point leurs frères, mais une secte nouvelle dont la loi romaine n'avait point autorisé l'existence.

Comme à Rome aucune religion n'était *licite*, si elle n'était reconnue par la loi, le gouvernement impérial se voyait mis en demeure, pour apaiser les clameurs des Juifs, ou d'autoriser la nouvelle religion des Chrétiens, ou de la déclarer contraire aux lois et de la persécuter.

L'incendie de Rome arrivé à ce moment détermina et précipita la décision. Néron, pour détourner les soupçons qui s'attachaient à lui, fit retomber sur les Chrétiens l'imputation du crime d'incendie. Il suscita contre eux la fureur du peuple ; il poursuivit leur culte et édicta ces premières lois de persécution, qui, durant trois siècles, demeurèrent

---

[1] Auguste, par un édit, avait accordé l'existence légale à la Religion Judaïque.

suspendues sur leur têtes, jamais abrogées, mais au contraire plusieurs fois rénouvelées.

On sait les conséquences de ces lois cruelles et tyranniques.

Néanmoins la persécution ne fut pas toujours à l'état aigu; il y eut même, à diverses époques, de longs jours de calme et de tolérance. Alors les magistrats fermaient les yeux et ne cédaient qu'aux clameurs populaires, ou à la haine de vils accusateurs, qui les forçaient d'appliquer la loi.

Ainsi l'Église vivait, se développait, s'accroissait, dans la crainte et l'anxiété sans doute, mais non dans les ténèbres toutefois, ni dans un secret perpetuel et absolu. Aussi bien, comment les Chrétiens auraient-ils pu se multiplier, dans l'obscurité des Catacombes, au point, qu'après deux siècles à peine d'existence, Tertullien ne craignait pas d'affirmer aux magistrats que s'ils se décidaient à émigrer, l'Empire deviendrait un désert?

Ce n'est point du reste une simple hyperbole oratoire; mais les faits sont là indéniables.

Ainsi, selon le *Liber Pontificalis*, Saint Évariste, sixième successeur de Saint Pierre, en l'an 110, répartissait les *titres*, ou paroisses de la ville, entre ses prêtres et leur assignait sept diacres pour les seconder dans l'administration temporelle. On ne dit pas le nombre des paroisses, mais on indique assez qu'elles sont déjà nombreuses et demandent une organisation puissante.

Un siècle plus tard, Saint Fabien, vers 240, se voit obligé de prendre des dispositions nouvelles, dont malheureusement on ne nous a point laissé le détail. Il répartit les quatorze régions de la Rome civile entre les sept diacres de l'Église, et leur enjoint d'élever de nombreux édifices pour le service des Cimetières.

Évidemment ces actes, qui dénotent le fonctionnement régulier d'un corps nombreux de fidèles, ne pouvaient passer inaperçus. Aussi les Chrétiens pour s'épargner des vexations inévitables, achetaient à prix d'argent, des hommes de la police, quelque repos et quelque tolérance. Nul doute par conséquent que le chef de l'Église ne fût connu et son nom inscrit sur les livres publics. C'est pourquoi nous voyons l'empereur Dèce défendre de donner un successeur à Saint Fabien, qu'il venait de faire mourir par le glaive. Puis, quand il apprend que Corneille a été élu à sa place malgré sa défense, il entre dans une fureur extrême et lance contre lui les plus épouvantables menaces.

Chose digne de remarque, si les empereurs, de temps à autre persécutaient les personnes, ils ne touchaient cependant ni aux biens, ni même aux institutions des Chrétiens.

Ainsi peu à peu l'Église posséda des édifices spéciaux pour les réunions des fidèles, et des cimetières pour leur sépulture. Elle eut, pour l'administration de ces biens, et pour la gestion de tous les intérêts de la Communauté, une institution sagement organisée, celle des diacres. Tandis que les prêtres étaient tout à l'action spirituelle, les diacres recueillaient les collectes, distribuaient les secours, entretenaient le clergé, pourvoyaient aux sépultures, tenaient les archives et en particulier les *Actes des Martyrs*. Et toutes ces choses étaient connues à la Préfecture de Rome. Mais il s'agissait d'administration de biens particuliers, et ce droit n'était pas contesté.

Voilà pourquoi les Chrétiens, moyennant une prudence nécessaire, parce que leurs personnes se trouvaient sous le coup de la loi, n'avaient pas recours aux Catacombes pour se réunir et pour prier, si ce n'est, comme nous le dirons, dans un but privé et pour honorer leurs martyrs. Ce ne fut que plus tard qu'ils furent inquiétés au sujet de droits qu'on leur avait au moins tolérés auparavant.

Mais, quand des vexations nouvelles leur furent intentées, dès les jours de Dèce et de Valérien, les Catacombes devinrent souvent un refuge et un asile, principalement pour le clergé plus poursuivi que les fidèles ; elles se trouvèrent alors d'un secours immense pour l'Église. Toutefois le secours eût été bien impuissant, si la tempête avait duré. Mais grâce à Dieu, l'orage passa vite, et désormais l'Église n'eut plus à se cacher.

Telle était donc la condition sociale de l'Église aux premiers siècles, état trop peu connu d'un grand nombre de chrétiens de nos jours, qui assimilent facilement l'Église aux sociétés secrètes, végétant d'abord dans les ténèbres, pour ne se montrer au grand jour que quand elles possèdent le pouvoir.

A présent nous comprendrons sans peine comment sont nées les Catacombes, et comment elles ont pu si grandiosement se développer.

CHAPITRE CINQUIÈME.

Commencements des Cimetières Chrétiens.

Tous les peuples se sont fait un devoir pieux d'ensevelir les morts avec honneur, et d'environner leurs tombes d'un religieux respect. Comment les Chrétiens, qui ne voyaient dans le tombeau qu'un lieu de dépôt pour la dépouille mortelle de leurs frères, destinée à une résurrection glorieuse, ne se seraient-ils point préoccupés de la sépulture de leurs morts, et surtout de leurs glorieux martyrs? Ce fut au contraire un de leurs premiers soucis. Ils ne pouvaient laisser les corps des saints en contact avec ceux des infidèles, ni exposés à être souillés par des rites idolâtriques et superstitieux. Ils durent chercher à créer des sépultures séparées, saintes, pures, communes à tous les frères, accessibles à eux seuls. Heureusement la loi romaine et les coutumes funéraires favorisaient leurs vœux.

La loi considérait les tombeaux comme chose religieuse. On ne pouvait ni les vendre, ni les confisquer, encore moins les violer. La loi laissait à chacun la pleine liberté de pourvoir à la sépulture des siens. Les parents et même les amis des condamnés aux derniers supplices pouvaient réclamer leurs corps et leur rendre les honneurs funèbres à leur gré. Nulle restriction n'était mise à la liberté des sépultures, si ce n'est la défense absolue d'enterrer personne dans l'enceinte de la ville, à l'exception des empereurs et des vestales. Aussi les sept collines classiques ne recouvrent-elles aucune catacombe [1].

Ainsi, du côté de la loi, les Chrétiens ne rencontraient nul obstacle à enterrer leurs morts à leur gré. Malgré les persécutions et les supplices, ils pouvaient, comme le fit Joseph d'Arimathie pour le Sauveur, venir demander hardiment aux juges, qui avaient condamné leurs frères, les corps de leurs glorieux suppliciés, pour les honorer selon leurs propres rites.

D'autre part, la coutume romaine leur fournissait le moyen de se pourvoir de sépultures privées, séparées, inviolables et inamissibles.

Chaque famille opulente se créait, par testament ou par acte public, dans sa propriété, une *area* [2] funéraire. La situation, l'étendue, les limites étaient minutieusement déterminées, ainsi du reste que toutes les conditions qu'il plaisait au propriétaire de stipuler. Dès lors ce terrain devenait sacré, toutes les clauses de l'acte étaient

---

[1] Il y eut cependant quelques martyrs ensevelis contrairement à cette loi, comme Saint Jean et Saint Paul, dans leur propre maison au mont Cœlius, sous Julien l'apostat; mais ce furent des causes spéciales qui rendirent ces exceptions nécessaires.

[2] *Area*, aire, ou étendue mesurée d'un terrain attribué et consacré aux sépultures.

mises sous la sauvegarde de la loi, ce lieu ne sortait plus du nom de la famille.

C'est pourquoi, tout à l'origine, dès le temps des apôtres, les riches familles qui avaient embrassé la foi et consacré leurs biens au service de leurs *frères*, créèrent ainsi pour elles-mêmes, pour leurs clients, pour leurs amis, et même pour les étrangers qu'elles voudraient admettre au même bénéfice, des *arœ* funéraires, qui devinrent dans la suite les centres de ces cimetières célèbres, que nous appelons aujourd'hui les Catacombes, et qui portent encore le nom de leurs nobles propriétaires.

Tels sont parmi les plus anciens de ces monuments, la Crypte [1] de Lucine, qui vivait probablement aux temps apostoliques; le cimetière de Flavia Domitilla, nièce de Vespasien, et celui de Prétextat, du temps d'Adrien, pour ne parler que de ceux qui étaient dans la région du cimetière de Calixte.

Les Chrétiens furent aussi favorisés, dans la formation de leurs cimetières, par une autre coutume romaine, celle des sociétés funéraires.

Tout le monde ne pouvait pas se donner des sépultures privées, comme les riches; les pauvres devaient pourvoir à leurs funérailles par d'autres moyens. Ils se constituaient pour cela en sociétés funéraires, sous des dénominations diverses; et, par des collectes, ils pourvoyaient à l'acquisition

---

[1] *Crypte*, excavation souterraine pour les sépultures.

d'un terrain, aux frais des funérailles et même des réunions, où ils allaient, près des tombeaux, festoyer en l'honneur des morts.

Il fut donc facile aux Chrétiens de se servir eux aussi de ce mode d'association, afin de se créer des cimetières pour chacun des *titres* de la ville, quand les *areæ* primitives se trouvaient insuffisantes. Car le nombre des fidèles, s'accroissant de jour en jour d'une manière étonnante, exigeait des lieux de sépultures plus nombreux et plus étendus.

Libres et faciles furent pareillement l'administration, l'usage, le développement des cimetières chrétiens, et jusqu'aux réunions pieuses, soit aux sépulcres des parents, soit aux tombeaux des martyrs. Tout était abrité sous l'autorité de la loi et sous l'empire de la coutume. Ce n'était pas comme chrétiens, sans doute, que les fidèles jouissaient de ces libertés de tous, mais comme citoyens romains, ou comme clients des riches.

CHAPITRE SIXIÈME.

Les rites chrétiens pour les sépultures aux Catacombes.

La liberté dont jouirent les Chrétiens, au sujet de leurs cimetières, leur fut surtout précieuse parce qu'elle leur permit d'honorer la sépulture de leurs morts par des rites en harmonie avec leur foi.

Ils avaient particulièrement en horreur la coutume payenne de brûler les corps; eux les mettaient en *dépôt*, dans un sépulcre, en attendant la résurrection. Ce rite leur était dicté par la sépulture du Sauveur.

Les payens couronnaient de roses et de violettes les urnes funéraires de leurs proches, et faisaient un crime aux Chrétiens de refuser ces honneurs à leurs parents; eux méprisaient ces sortes de rites idolâtriques. Mais, après avoir lavé la dépouille de leurs frères avec respect et l'avoir embaumée de parfums précieux, ils répandaient de ferventes prières sur leurs sépultures pour rafraîchir leurs âmes et les purifier. Toutefois, ils ne répudiaient point les fleurs et le feuillage dans l'ornement des sépulcres; ils les employaient au contraire comme un emblême du délicieux séjour du paradis: emblême d'espérance et non d'apothéose, comme la couronne du culte idolâtrique. Des lampes aussi étaient entretenues avec des huiles aromatiques devant les sépulcres, pour symboliser la lumière indéfectible de l'éternel sejour des âmes bienheureuses.

La piété des fidèles ne se bornait point à ce culte extérieur, car la sépulture des Chrétiens n'était pas un acte privé, mais un rite religieux et sacré. L'un des prêtres du *titulus*, ou paroisse du défunt, présidait aux obsèques. La cérémonie s'accomplissait la nuit; c'était la loi, parce que les payens avaient cette prévention que l'enlèvement du cadavre, sous les rayons du soleil, souillerait cette lumière pure de l'une de leurs divinités. De là l'usage nécessaire des cierges et des flambeaux que tenaient en leurs mains les parents et les amis qui accompagnaient la dépouille du défunt [1].

Le saint sacrifice, *l'oblation pour le repos* [2], comme on l'appelait alors, était offert, dans la crypte même, auprès du sépulcre, si le cortège était peu nombreux et se réduisait aux plus proches parents; au contraire, il se célébrait dans le monument élevé au-dessus de terre, si les fidèles étaient réunis en grand nombre. On le renouvelait au troisième, au septième, au quarantième jour après la *déposition*, et au moins au jour anniversaire, qui était le plus solennel. C'est pourquoi

---

[1] Après la paix, on fit les funérailles de jour, mais on garda l'usage des cierges et des flambeaux, qui s'est transmis jusqu'à nous.

[2] *Oblatio pro dormitione*. C'est notre messe de *requiem*.

nous trouvons dans les Catacombes une multitude de chambres, ménagées d'intervalles en intervalles, pour cette célébration des saints mystères, et pour les prières et psalmodies des familles, auprès des sépulcres des morts; et pourquoi aussi nous avons vu le pape Saint Fabien ordonner à ses diacres de faire élever de nombreux édifices dans les cimetières. Ces édifices, que l'on appelait de divers noms, *exhedra*, *cellæ memoriæ* [1] étaient de petites dimensions, suffisants pour contenir le clergé, et ouverts sur le front, afin que les fidèles groupés dans *l'area* pussent voir et suivre les cérémonies du sacrifice.

Après le sacrifice et avant que le corps fût déposé dans le sépulcre, des prières liturgiques étaient récitées, des psaumes et des hymnes étaient chantés; le prêtre en terminant ajoutait ce souhait sublime: *A celui que le bon Pasteur a rapporté sur ses épaules dans le bercail du roi éternel, que Dieu daigne accorder la joie perpétuelle et la compagnie des Saints.* L'assemblée répondait par le dernier adieu chrétien, le salut du solennel *In pace. Amen.*

Ces rites nous expliquent pourquoi les Chrétiens aimaient tant à peindre l'image du bon Pasteur dans les Catacombes, et pourquoi nous lisons, sur une pierre sépulcrale de la crypte de Saint-Eusèbe, ces mots: IN PACE SPIRITVS

---

[1] *Exhedra*, salle de réunion en forme d'hémicycle; *Cella memoriæ*, chapelle de tombeau.

SILVANI AMEN; *Que l'esprit de Sylvain repose en paix. Amen.* On croit entendre comme un écho prolongé de la réponse liturgique des fidèles à la dernière prière du prêtre, que nous venons de rappeler. Comment ne pas y reconnaître aussi la sainte origine de nos propres cérémonies d'aujourd'hui ?

Pour les martyrs, leurs tombeaux étaient glorieux ; c'était en triomphe qu'on les transportait à leur place d'honneur ; c'était sur la propre pierre de leur sépulcre qu'on offrait le Saint Sacrifice, parce qu'ils avaient donné leur sang et leur vie pour la foi. Aussi bien, les sépultures des martyrs les plus célèbres devinrent le centre de prières ferventes, et le lieu de fréquents pèlerinages. On y fêtait chaque année la mémoire sacrée, non pas de leur mort, mais de leur *natale*, de leur naissance à la vie éternelle. Ces solennités dans les Catacombes commencèrent dès les premiers temps, pour ne plus finir qu'avec la translation des reliques des saints dans les églises de la Ville, où leur culte fut depuis lors pareillement célébré.

Tous ces rites sacrés, toutes ces réunions pieuses aux Catacombes, durant près de deux siècles, ne furent point l'objet de proscription légale, ni de troubles continuels de la part des payens, abrités qu'ils étaient sous la coutume des collèges funéraires. Personne ne s'étonnait que les Chrétiens tinssent des réunions aux tombeaux de leurs Sociétaires, pour y *festoyer*, pensait-on, et pour s'y *réjouir en leur honneur*, selon la coutume payenne.

Non, les Chrétiens ne prétendaient point honorer leurs morts, en venant festoyer et se réjouir près de leurs sépulcres; ils y venaient pour prier et méditer, selon la parole de Saint Paulin de Nole[1]; car le culte des saints était pour eux l'un de leurs devoirs les plus chers et les plus sacrés.

On pourra peut-être nous opposer l'ancienne coutume des *agapes*[2] qui s'observait aux funérailles des morts et aux *natalitia* des martyrs, et nous crier avec le manichéen Fauste : " Vous imitez les " sacrifices des gentils avec vos agapes ;... vous " pensez soulager les ombres de vos morts avec " du vin et des festins. [3] „ Mais par la bouche de Saint Augustin nous répondrons : " Avec nos agapes, " nous nourissons les pauvres. [4] „ Les Chrétiens, en effet, sans répudier entièrement la coutume antique et générale des banquets funéraires, l'avaient changée en un acte de charité fraternelle envers les veuves et les pauvres, pensant attirer par là d'utiles suffrages et rendre un honneur sincère aux âmes de leurs défunts. Cette belle coutume se retrouve encore parmi nous dans ces distributions d'aumônes, qui se pratiquent aux obsèques dans les riches familles.

Il est vrai que les agapes dégénérèrent en misérables abus vers la fin du quatrième siècle, aux

---

[1] Epist. XXXII (*alias* XII), 12.
[2] Ἀγάπη veut dire charité.
[3] Aug. *Contra Faustum*, XX, 4, 20.
[4] Aug. ibid.

natalitia et aux fêtes des martyrs. On vit alors des gens grossiers et vils courir de sépulcre en sépulcre solliciter des pèlerins une part du vin et des mets qu'ils avaient apportés pour leur nourriture, et s'en ingurgiter indécemment en s'excitant mutuellement à de larges libations sous le prétexte d'honorer les martyrs. Mais il faut entendre Saint Augustin s'écrier avec indignation : " Aujourd'hui " les ivrognes poursuivent avec leurs coupes les " martyrs qu'autrefois des forcenés persécutaient à " coups de pierre. [1] „ L'Église réprouva fortement ces excès et parvint heureusement à les faire vite disparaître.

[1] Aug. *in Ps.* LIX.

CHAPITRE SEPTIÈME.

Interdiction des Cimetières chrétiens.

Durant tout le second siècle, il n'est fait aucune mention d'aucun édit, d'aucune vexation contre les funérailles ou les cimetières des Chrétiens. Pour la première fois, au commencement du troisième siècle, éclatèrent des tumultes contre les sépultures chrétiennes. Ce fut à Carthage, en 203, que le premier fait de ce genre se produisit. Les payens criaient avec fureur: *Areæ non sint! Plus de cimetières!* [1] Ce ne fut pourtant pas encore l'occasion d'aucune mesure contre les cimetières ; mais ce fut une première explosion de haine qui devait avoir des suites.

Le droit des Chrétiens subsista donc encore intact malgré ces clameurs. Bien plus, Alexandre Sévère (222-235) le leur reconnut légalement, l'étendit même à leurs réunions dans les maisons des frères [2], et la liberté de l'Église fut respectée au moins jusqu'à Dèce.

Ce fut peut-être cet empereur cruel, qui le premier porta atteinte au droit de réunion dans

---

[1] En Afrique, le mot *area* était devenu synonyme de cimetière.
[2] C'était le nom donné aux églises extérieures, qui étaient des propriétés privées.

les cimetières chrétiens, bien que l'histoire n'en fasse pas mention expresse.

Quoiqu'il en soit de cette conjecture, l'acte de violence ne se fit pas longtemps attendre après lui. L'empereur Aurélien, (qui pourtant avait jugé, en faveur des Chrétiens d'Antioche, contre Paul de Samosate, leur évêque déposé, que la *maison de l'Église* devait appartenir à qui était en communion avec l'Évêque de Rome) Aurélien, dis-je, porta un édit, vers l'an 257, pour enlever aux Chrétiens le droit de se réunir dans leurs cimetières.

C'est en vertu de cet édit, dont l'histoire ne nous a pas transmis le texte, que le Préfet d'Alexandrie disait à Saint Denis, évêque de cette ville : " Ni à vous, ni à personne, il n'est permis de „ tenir des assemblées et d'aller dans ce que vous „ appelez vos cimetières. „

C'est par la même cause que le pape Saint Sixte II, *au mépris des ordres de Valérien*, dit le *Liber Pontificalis*, ayant tenu une réunion de fidèles, en compagnie de ses diacres et de ses clercs, au cimetière de Prétextat, sur la voie Appienne, fut traqué, surpris et condamné à être décapité au lieu même de son prétendu crime.

Gallien, en 260, mit fin à cette persécution. Il rendit aux Évêques les lieux ecclésiastiques, qu'on leur avait confisqués, et aux Chrétiens le libre usage de leurs cimetières, qu'on leur avait interdits.

Malgré cet acte réparateur, il paraît que les

Chrétiens ne jouirent pas longtemps de leur cimetières en parfaite tranquillité. Aussi nous voyons que, sous Numérien (283-285) [1], deux époux chrétiens, Chrysante et Daria, furent condamnés à être enterrés vivants dans un arénaire, sur la voie Salaria. Les fidèles ayant converti l'arénaire en cimetière, y allaient prier en foule sur le tombeau de ces martyrs. Ils y furent surpris, et l'empereur ordonna d'en murer l'entrée et d'y amonceler des pierres et du sable pour les faire périr de faim. Ce refuge fut découvert après la persécution, et l'on retrouva les restes de ces glorieux martyrs, des squelettes d'hommes, de femmes et d'enfants, étendus sur le sol, et à côté, les vases d'argent apportés pour la célébration du Saint Sacrifice.

Le pape Saint Damase ne voulut pas toucher à cette scène de martyre. Il se contenta de mettre une inscription sur le mur élevé pour en fermer l'entrée, et fit pratiquer une fenêtre d'où l'on pouvait contempler ce spectacle grandiose, ce monument unique d'une cruauté sans nom.

Cependant, c'était plutôt les réunions des fidèles pour honorer les martyrs, que l'usage même des cimetières pour ensevelir les morts, que les édits impériaux avaient jusque là interdits. Mais ce que n'avaient pas osé faire les autres, Dioclétien voulut

---

[1] Il est pourtant plus probable que le fait s'est passé sous Valérien, quoique le *Liber Pontificalis* le rapporte au temps de Numérien.

l'accomplir. Non-seulement il confisqua tous les édifices et tous les biens appartenant à l'Église, brûlant, démolissant et dispersant tout ce qui était un monument du Christianisme ; non-seulement il proscrivit tout acte du culte des fidèles et toute assemblée, et profana leurs rites et leurs symboles ; mais encore il leur enleva leurs cimetières et ordonna qu'ils fussent vendus par le fisc.

Les destructions furent lamentables. Ce fut dans cette tempête que disparurent tant de précieux documents, amassés depuis trois siècles, par les administrateurs des églises, tant à Rome que dans tout l'Empire.

Malgré cette violence, les Chrétiens ne purent renoncer à leurs cimetières. Ils continuèrent d'y ensevelir leurs morts et leurs martyrs, plus nombreux que jamais ; ils ne cessèrent de s'y réunir pour participer aux saints mystères, et quelquefois aussi pour s'y cacher. Mais les payens en connaissaient les entrées, et savaient y poursuivre les fidèles, qui s'y étaient réfugiés.

Cependant les Chrétiens, pour échapper à leurs ennemis, et pour soustraire à leur rage les tombeaux des martyrs, détruisirent les escaliers qui conduisaient aux catacombes, et ouvrirent d'autres issues plus secrètes, d'accès plus difficile, mieux dissimulées dans les dédales de quelques arénaires anciens, qui leur furent alors utiles, même pour ensevelir leurs morts, ce qu'ils ne pouvaient plus faire aisément dans leurs cimetières confisqués.

D'ailleurs ils avaient, par un **travail gigantes-**

que, rempli de terre une multitude de galeries souterraines, celles surtout qui conduisaient aux tombeaux des martyrs; comme aussi ils en avaient ouvert de nouvelles, inconnues à leurs persécuteurs, par lesquelles ils pouvaient aisément leur échapper.

Ainsi ces pieux Chrétiens, au milieu même des terreurs d'une cruelle persécution et des menaces perpétuelles du martyre, s'empressaient avant tout à sauvegarder les ossements sacrés près desquels ils avaient tant aimé à venir chercher l'exemple et le courage, dont ils avaient besoin à leur tour pour devenir, eux aussi, des héros.

Le jour est fait maintenant, je pense, sur l'origine, le développement, la condition des Catacombes, durant les premiers siècles; disons un mot de leur histoire après la paix et de leur résurrection en notre temps.

CHAPITRE HUITIÈME.

Les Catacombes après la paix.

La paix fut rendue à l'Église, à la fin de 306, par Maxence ; mais les cimetières et les propriétés ecclésiastiques ne furent restitués qu'en 311, sous le Pontificat de Melchiade. Enfin, en l'année suivante 312, l'Empereur Constantin, par l'édit de Milan, mit fin à l'ère des persécutions et confirma l'Église dans la possession de tous les droits qu'on n'avait guère fait jusqu'ici que tolérer.

Dès lors un mouvement admirable de réparation et de restauration se manifesta de toutes parts. Dans ce mouvement, les cimetières si chers aux Chrétiens ne pouvaient être oubliés. On en rouvrit l'accès aux fidèles, et, pour rendre plus facile au grand nombre la célébration des fêtes des martyrs, on éleva de nombreuses basiliques, à ciel ouvert, au-dessus de l'emplacement de leurs tombeaux.

Les Papes ne furent plus enterrés dans des cryptes souterraines, mais dans les édifices, qu'ils avaient fait bâtir de leur vivant. Ainsi fut enseveli Saint Sylvestre, au cimetière de Priscille, sur la voie Salaria ; ainsi Saint Marc, son successeur, au cimetière de Balbine, sur la voie Ardéatine. Les basiliques qui possédèrent leurs tombeaux furent désignées par leurs noms.

L'exemple des Papes fut suivi par les fidèles ;

on commença à se faire enterrer dans des cimetières que l'on établit autour de leurs basiliques. Toutefois l'usage d'ensevelir dans les Catacombes continua de prévaloir jusqu'en 360, et les galeries des divers cimetières souterrains reçurent encore, à cette époque, des développements considérables. Mais à partir de ce moment la proportion changea, et les cimetières, *sub dio* [1], prirent de plus en plus faveur.

Il y eut pourtant un retour d'enthousiasme vers les Catacombes en 370 ; il ne dura que deux ou trois ans.

A cette époque, Saint Damase, dont la piété envers les martyrs des Catacombes est célèbre, fit exécuter de grands travaux dans les cimetières souterrains. Il fit enlever, aux abords des cryptes historiques, la terre amoncelée dans les galeries, au temps de Dioclétien ; il élargit les passages qui donnaient accès à la foule toujours croissante aux tombeaux des martyrs ; il établit des escaliers nouveaux descendant directement aux plus illustres sanctuaires ; il orna les chambres de marbres précieux et d'inscriptions pieuses ; il fit pénétrer l'air et la lumière dans les cryptes ; il consolida par des contre-forts et des murs les parois et les voûtes dont le tuf friable menaçait de s'effondrer. Presque toutes les Catacombes portent des traces de ses travaux ; et, çà et là, l'archéologue retrouve de précieux débris d'inscriptions

---

[1] *Sub dio*, en plein air, à ciel ouvert.

damasiennes, œuvres de la main du célèbre Philocalus, avec lesquels il reconstitue l'histoire de ces cryptes sacrées, depuis tant de siècles demeurées dans l'oubli.

Ce zèle ardent du Pontife Romain excita la piété des fidèles, et réveilla le culte des Catacombes. On voulut de nouveau se faire ensevelir auprès des martyrs; on accourut en foule vers leurs tombeaux; et quelques-uns, comme le prêtre Barbazianus, s'y construisaient de petites cellules, pour devenir, vivants, les gardiens des morts.

Saint Jérôme [1] raconte, qu'étant écolier à Rome, il aimait, chaque Dimanche, en compagnie de quelques enfants de son âge et de ses goûts, aller visiter les tombeaux des martyrs et des Apôtres, et qu'il remportait de ces lieux vénérables et mystérieux des impressions profondes et ineffaçables.

Prudence [2], à son tour, chante en de beaux vers la fête du martyr Hippolyte, et décrit avec enthousiasme les foules joyeuses, qui des Abruzzes et de l'Étrurie, de Capoue et de Nole, viennent inonder les vastes plaines de Rome, et peuvent à peine être contenues là même où l'espace semble sans bornes.

Tel fut, à cette époque, le réveil de piété envers les Catacombes. Malheureusement le zèle ne fut pas toujours discret, et beaucoup de fidèles, pour être ensevelis plus près des martyrs, obtin-

---

[1] Hieron. *in Ezech.*, 9.
[2] Prud. *Peristeph.*, XI, 11.

rent trop souvent de fossoyeurs avides, à prix d'argent, qu'on leur ouvrît des sépulcres dans les niches mêmes des saints, au détriment des plus beaux décors et des plus précieux symboles.

Bientôt cependant, par l'exemple de saint Damase, qui n'avait pas voulu se faire ensevelir dans la crypte des Papes, pour ne point *troubler la cendre des Saints*, le mouvement qui avait ramené les sépultures aux Catacombes se ralentit rapidement. Il paraît que l'Église cessa d'en faire ses cimetières officiels, et qu'elle abandonna aux fossoyeurs le libre soin d'ouvrir de nouvelles galeries à leur gré, ou de concéder des sépulcres dans les anciennes à qui leur en ferait la demande.

Enfin, après 410, on trouve à peine un ou deux exemples certains de sépultures nouvelles aux Catacombes. C'est qu'en cette année fatale la ville de Rome fut prise et saccagée par le Visigoth Alaric. Les dévastations, les massacres et les pillages furent tels que toute la campagne romaine était une ruine et un désert. Ceux qui furent épargnés étaient si pauvres, qu'ils ne purent songer à aucune restauration. Dès lors les Catacombes cessèrent d'être des cimetières, pour devenir uniquement des sanctuaires pieux, où se conservait le culte des saints. C'est pourquoi le chemin des Catacombes ne fut pas oublié, et les pèlerins y affluaient toujours, même des pays éloignés.

Cependant de nouvelles dévastations se préparaient. En 537, ce furent les Goths, sous la conduite de Vitigès, qui vinrent s'abattre sur Rome. Plus impies encore que les soldats d'Alaric, ils allèrent jusqu'à saccager les basiliques des martyrs, et ne craignirent pas même de violer leurs sépulcres. Les cimetières de la voie Salaria, où ils avaient campé, pour tenir Rome assiégée, furent surtout maltraités.

Après leur passage, les Papes, témoins désolés de tant de ruines, ne purent laisser sans honneur les précieuses dépouilles des héros chrétiens. Vigile et Jean III, en particulier, s'employèrent avec un zèle pieux à l'œuvre réparatrice. Jean III assura, sur les deniers du domaine de Latran, le domaine pontifical, le service des solennités accoutumées dans les cimetières. Plus tard, on vit Saint Serge Ier, au septième siècle, pousser le zèle jusqu'à remplir lui même cette fonction sacrée, dans les divers sanctuaires suburbains, aux principales fêtes des martyrs.

Ainsi paraissait se relever le culte des tombeaux des Catacombes, lorsqu'une nouvelle catastrophe, plus épouvantable que les précédentes, vint de nouveau tout ruiner. Ce fut l'invasion des Lombards, conduits par leur roi Astolphe, en 756. Ces horribles barbares, établis tout autour de Rome, fouillèrent à loisir les souterrains et les sépulcres. Ils en brisaient les cloisons, et en retiraient les ossements des saints, pour en enrichir leur propres églises.

Après ces dévastations sacrilèges, le Pape Paul Ier dut se résoudre à ouvrir les tombeaux des martyrs les plus vénérés et les plus illustres, pour en transporter les précieux restes dans les basiliques de la Cité, ce qu'aucun de ses prédécesseurs n'avait fait avant lui. Mais il voyait ces glorieux sépulcres si souvent outragés et violés, qu'il craignit une destruction complète dont il voulut les sauver. Il retira ainsi un grand nombre de corps de leurs tombeaux et les distribua aux diverses églises de Rome, pour y être pieusement gardés.

Cependant ses premiers successeurs ne crurent point devoir suivre son exemple. Au contraire, Adrien Ier et Léon III tentèrent généreusement de remettre les cimetières souterrains en honneur et d'y ramener les fidèles et les pèlerins, en relevant les basiliques suburbaines et en restaurant les cryptes les plus célèbres.

Hélas! leurs louables efforts furent inutiles; la piété ne ramenait point les fidèles; et ces lieux sacrés, si tristement délaissés, tombaient en ruine de plus en plus. Il fallut que l'œuvre de Paul Ier fut reprise. Pascal Ier l'accomplit.

Le 20 juillet de l'an 817, le pieux Pontife fit la translation solennelle des corps de 2300 martyrs, des plus insignes; et, par une inscription placée dans l'église de Sainte-Praxède, il en transmit la mémoire à la postérité.

Dès lors les grands pèlerinages d'autrefois cessèrent totalement. Parfois encore, à de rares intervalles, quelques moines ou quelques prêtres, qui avaient retrouvé dans de vieux manuscrits le souvenir des glorieux cimetières des Calixte, des Corneille, des Priscille, des Agnès, et de tant d'autres, essayaient encore d'en retrouver la trace, puis d'y attirer leurs contemporains par leurs pieux récits ; mais rien ne put faire revivre la gloire des Catacombes, rien ne les empêcha de tomber peu à peu dans l'oubli.

Toutefois parmi ces vénérables monuments, l'un des moindres, par son étendue, la crypte de Saint-Sébastien, *ad catacumbas*, qui avait possédé quelque temps les glorieux corps des Princes des Apôtres, Pierre et Paul, échappa à la loi commune et resta, presque seul [1], toujours honoré et visité.

Bien plus, on finit par confondre avec ce petit hypogée le cimetière si célèbre de Saint-Calixte, dont le nom du moins n'avait pu périr. Par là s'établit et dura jusqu'à nos jours la conviction que le cimetière *ad catacumbas*, avec le corps glorieux de Saint Sébastien, renfermait aussi les corps sacrés des Papes, de Sainte Cécile et de plusieurs milliers de martyrs qui n'y avaient jamais reposé.

Dans la suite nous verrons comment, sur ce point encore, la vérité sut se faire jour, et l'histoire reprendre ses droits.

---

[1] Quelques galeries des cimetières attachés aux basiliques suburbaines restèrent aussi connues et visitées, mais sans attirer la même attention que la catacombe de Saint-Sébastien.

CHAPITRE NEUVIÈME.

Découverte des Catacombes.

Les Catacombes étaient dans un complet oubli et presque absolument ignorées, quand un hasard heureux, le 31 mai 1578, en révéla tout à coup l'existence.

Des ouvriers, travaillant à extraire du sable sur la voie Salaria, mirent à découvert inopinément des galeries mystérieuses. Aux peintures symboliques qui ornaient les chambres souterraines, aux inscriptions grecques et latines que l'on voyait sur des sépulcres, on eut vite reconnu d'antiques Catacombes. Ce fut un événement pour Rome et l'impression fut grande. Toute la ville accourait pour voir de ses yeux l'étonnante merveille, et l'on criait partout qu'une ville souterraine venait d'être retrouvée. De ce jour naquit la science et le nom de la *Rome souterraine.*

Toutefois l'évènement n'eut pas d'abord d'importantes conséquences. Mais l'éveil était donné.

Quelque temps après, un jeune savant, dont Malte, le Piémont, Rome et Milan se disputent l'honneur de la naissance, Antoine Bosio, venu de bonne heure à Rome avec un oncle qui était agent d'affaires des Chevaliers de Malte, et s'était chargé de lui, se sentit puissamment attiré du côté des Catacombes. Dès 1593 il se mit à l'étude, et ne cessa plus jusqu'à sa mort. Érudit profond, explorateur infatigable, il passa trente-six ans à rechercher, à étudier, à refaire l'histoire de Rome souterraine.

Malheureusement sa vie fut courte, et s'il laissa d'immenses et importants travaux, il n'eut pas le temps de les publier.

Après sa mort, le P. Sévérano, oratorien, fut chargé de mettre au jour ses ouvrages, mais il n'en put éditer que la partie descriptive ; ce fut néanmoins un précieux monument pour l'avenir.

L'œuvre de Bosio appela l'attention du côté des Catacombes. Malheureusement on ne comprit pas toute l'importance de ses découvertes ; on oublia trop les droits de la science pour n'obéir qu'aux impulsions de la piété. On se réjouissait de pouvoir retrouver quelques précieuses reliques des saints, mais l'on ne songeait pas assez à refaire quelques pages glorieuses des annales de l'Église.

La piété même ne fut pas toujours discrète, et souvent, en voulant recueillir des objets pieux, elle trouva moyen de causer encore des ruines nouvelles, dans ces malheureuses Catacombes, déjà si ravagées.

Les papes furent obligés d'intervenir. Clément VIII, Paul V, Urbain VIII, Clément IX prirent de sages mesures qui mirent fin à toute entreprise téméraire.

Bien des savants, après Bosio, s'occupèrent encore des Catacombes ; mais jusqu'à nos jours, aucun d'eux ne sut faire marcher la question ouverte par ce grand génie, pour n'avoir point voulu suivre sa méthode topografique et scientifique. Il était réservé à notre époque de ressusciter enfin la *Rome souterraine*.

En 1837, Raoul Rochette, malgré ses idées fantaisistes et pleines d'erreurs, imprima du moins, vers l'étude des Catacombes, un mouvement qui ne fut pas sans résultats féconds.

Peu après lui, en 1841, le P. Marchi, savant jésuite, ayant été préposé à la surveillance des cimetières souterrains, eut le premier l'intelligence du parti que l'on pourrait tirer d'une étude plus approfondie de ces précieux monuments. Il se mit à l'œuvre avec ardeur, et dirigea ses études sur le cimetière de Sainte-Agnès, près de la basilique suburbaine de ce nom. Il fut ravi de ces découvertes qui jetaient un jour merveilleux sur des points restés jusque là dans l'obscurité. Malheureusement l'âge et les circonstances limitèrent ses travaux et ne lui permirent pas de réaliser toute sa pensée. Mais il laissait un disciple après lui, disciple qui devait devenir plus grand encore que le maître, et dont plus d'une fois déjà nous avons parlé.

Avec quelle science de l'histoire et de l'archéologie; avec quel génie de combinaisons des faits les plus divers, des indices les plus minimes, disséminés dans des documents infinis; avec quelle intuition de la vérité des choses les plus cachées; avec quelle sûreté de déduction, allant de ses premières découvertes à celles qui lui restaient encore à faire; avec quelle patience de recherches minutieuses et quelle constance dans des explorations difficiles, souvent dangereuses; avec quel dévouement à la Religion et à la science, pour tout résumer en ces deux mots, M. de Rossi parvint-il à une complète révélation de la Rome souterraine et des lumineux enseignements qu'elle gardait au sein de ses sépulcres? Nous ne saurions l'exprimer assez; du moins, la suite de ce modeste écrit pourra en révéler quelque chose, à ceux qui ne peuvent l'apprendre de ses savantes et immortelles publications.

M. de Rossi avait commencé l'étude des Catacombes avec le P. Marchi, dont il fut le compagnon fidèle dans tous ses travaux. Après la mort du maître, il continua son œuvre avec zèle, s'aidant des lumières de son frère, savant géologue, qui lui rendit les plus éminents services.

Les plus belles découvertes datent de 1849, dans cette vigne de la voie Appienne, qui nous intéresse à un si haut degré. Elles continuèrent avec un succès inouï, en 1852, et les années suivantes, au cimetière de Saint-Calixte; elles n'ont point cessé depuis, dans d'autres catacombes, qui lui ont donné les plus intéressants succès.

Et maintenant que nous avons jeté ce coup d'œil rapide sur les vicissitudes par lesquelles les Catacombes ont passé, entrons dans l'étude des richesses qu'elles renferment et des faits qu'elles nous ont révélés.

CHAPITRE DIXIÈME.

Topographie générale des Catacombes.
I. La Rome souterraine.

Le nom de Rome souterraine donné, depuis 1578, à l'ensemble des Catacombes romaines nous ferait rêver peut-être d'une seconde Rome, enfouie sous la Rome ancienne, refuge et habitation des Chrétiens pendant leur vie en attendant qu'elle fût le lieu de leur repos après leur mort, si nous ne savions déjà que les Catacombes ne furent point ouvertes pour les vivants, ni creusées sous la Cité, mais en dehors de l'enceinte, dans la zône qui s'étend à deux ou trois milles autour des murailles.

Il y a plus, les Catacombes ne forment point un ensemble continu, comme les diverses régions d'une cité; ce sont au contraire des groupes détachés, généralement d'une faible étendue superficielle, quoique d'un développement quelquefois prodigieux, par l'ensemble de leurs galeries. Ainsi, d'après un calcul rigoureux, une catacombe creusée à trois étages, sous un terrain carré de 125 pieds romains de côté, ne contiendrait pas moins de sept à huit cents mètres de galeries; et toutes les lignes ensemble monteraient approximativement au chiffre énorme de 780 kilomètres, la longueur de l'Italie. Et tout cela est réparti entre plus de quarante cimetières, grands ou petits, distincts et séparés.

Car, les Catacombes ne furent pas même reliées entre elles, par des voies souterraines, et encore moins avec certaines églises intérieures de Rome, comme le voudrait une opinion vulgaire.

Il paraît, en effet, d'après des indices très concluants que, outre les cimetières particuliers, chaque *titre*, ou paroisse, avait son cimetière propre, établi sur la grande voie suburbaine, qui desservait la région de la Ville dont la paroisse était formée. Or, les paroisses n'avaient nulle raison de relier leurs cimetières l'un à l'autre; et, l'eussent-elles voulu, elles n'auraient pu le faire.

L'obstacle était dans les vallées qui séparent les collines de l'*Agro Romano* [1], dans lesquelles les galeries souterraines sont toutes creusées. Au fond des vallées, le tuf granulaire, si poreux et si propre à conserver les corps qu'on lui confie, devient compact, imperméable, et retient les eaux pluviales qui rendent le terrain humide, fangeux, impraticable à des voies souterraines. Aussi, même entre les cimetières de Calixte et de Domitille, pourtant voisins, quand les anciens fossoyeurs ont tenté de correspondre par des galeries communes, ils se sont heurtés à l'obstacle, et le travail est resté interrompu, comme on peut encore aujourd'hui le constater. Rome souterraine n'existe donc

---

[1] Campagne autour de Rome.

point dans le sens propre du mot. Faut-il pour autant le répudier ?

Loin de là. Rome souterraine ! Mais c'est une brillante image, qui rappelle à notre imagination la Cité chrétienne, dans les premiers temps, comme la Jérusalem Céleste nous rappelle la Cité de Dieu, dans l'éternité ! Rome souterraine ! mais ce n'est pas une nécropole simplement curieuse à visiter ; c'est toute l'Église primitive, avec sa vie, ses mœurs, ses rites, son histoire écrite sur les parois de ses tombeaux, les seuls monuments qu'elle fût libre d'ériger ! Rome souterraine ! c'est tout un monde, presque inconnu, qui nous est révélé !

Pénétrons donc avec respect dans ses rues, dans ses demeures, dans ses édifices : monuments d'un caractère étrange et saisissant ; car ses habitants ne sont que des morts, mais quels morts ! quels héros ! Et ses richesses ? quels trésors !

CHAPITRE ONZIÈME.

Topographie générale des Catacombes.
II. Les galeries.

Les rues de la Rome souterraine sont des galeries taillées dans le tuf granulaire, longues, étroites et peu élevées généralement. Les plus larges atteignent 1^m, 35, on les appelle des *ambulacres;* les plus étroites ont 0^m, 70 seulement. Il y en a quelques-unes d'assez élevées, par suite d'un second travail exécuté longtemps après la première excavation. Les parois sont verticales, leur direction est toujours la ligne droite; jamais vous n'en trouvez de tortueuses comme dans les arénaires. C'est bien uniquement le travail des fossoyeurs chrétiens.

Il y a généralement plusieurs étages de galeries dans une même *area;* leur nombre va jusqu'à quatre ou cinq en certains endroits. Ces étages sont séparés les uns des autres par des épaisseurs de tuf assez grandes pour que leur sol ne puisse s'effondrer. Ces accidents se sont pourtant produits avec les siècles, et l'on voit à présent des éboulements assez considérables.

Le premier étage n'est pas le premier qu'aient creusé les chrétiens, c'est celui qui est le plus près du sol; il est généralement à 6 ou 7 mètres de profondeur. Le second plan, le plus ancien par l'origine, règne vers 12 ou 13 mètres; le troisième descend à 16 mètres environ. Quant au quatrième et au cinquième, quand on les a tentés; ils ont pu descendre jusqu'à 20, et même 24 ou 25 mètres; au-delà c'est la région humide qui ne conserve point les sépulcres.

Toutes les galeries d'un même étage sont à un même niveau, dans un même plan. S'il en est dont le sol primitif ait été abaissé, ou dont la voûte ait été surélevée, on peut généralement être assuré que l'on est en face d'un travail d'une seconde époque.

Les divers étages d'une *area* ne furent pas ouverts en même temps, mais à des époques bien différentes; ils forment donc chacun comme un cimetière séparé. Toutefois, ils communiquent entre eux par des escaliers, mais non par des galeries rampantes, plus ou moins adoucies, comme on en voit aujourd'hui. Ceci est encore un effet des ruines et des éboulements que le temps ou des dévastations déplorables ont produit.

Tout ce travail d'excavation des galeries des Catacombes fut un art véritable, qui eut ses commencements timides, ses développements lents ou rapides, ses hardiesses, ses perfectionnements successifs. Un corps de *fossores* [1], sous la direction du clergé, était consacré à cette œuvre.

---

[1] Notre mot de *fossoyeurs*, dont nous nous servons communément, rend mal celui de *fossores*, consacré par l'Église pour exprimer une fonction religieuse et quasi-liturgique.

Dans le premier siècle, aux temps apostoliques, quand on ouvrit les premières catacombes, on procédait avec réserve et timidement. Après avoir délimité l'*area*, et marqué les lignes du contour par des cippes [1], on commençait à l'intérieur un escalier. Après l'avoir conduit à une profondeur convenable, douze mètres environ, on ouvrait à la suite une courte galerie, que l'on poursuivait, et que l'on ramifiait par des galeries nouvelles, conduites en des directions différentes de la première, sans jamais les pousser toutefois au-delà des limites de l'*area*. On voit qu'aucun plan d'ensemble n'avait été formé à l'avance; c'était une époque d'essai et de tâtonnement. Assurément le réseau se développait et se compliquait, dans les siècles suivants, mais nous ne parlons que du commencement de ces hypogées primitifs. La crypte de Lucine, voisine du cimetière de Saint-Calixte, est un intéressant modèle de ces travaux du premier âge des Catacombes.

Au second siècle, ou du moins dans le seconde moitié, le travail des fossoyeurs fut plus savant, plus étudié, plus régulier, quoique simple encore et peu compliqué. Au pied d'escaliers établis aux confins de l'*area*, on développait de longs ambulacres, en suivant rigoureusement les limites du terrain, au-dessus du sol; car à cette époque encore on se gardait de jamais les dépasser. Des galeries

---

[1] Sortes de bornes, formées par des demi-colonnes, sur lesquelles étaient inscrites les dimentions légales de l'*area*.

secondaires, parallèles entre elles, assez distantes les unes des autres, allaient d'un ambulacre à l'autre pour les relier ensemble. Il y avait là un plan régulier, médité à l'avance mais simple et facile à explorer. On en voit un bel exemple dans la première *area* du cimetière de Saint-Calixte.

Plus tard, quand les excavations du travail premier ne suffisaient plus au grand nombre des sépultures, on multipliait les galeries secondaires qu'on ne craignait plus de rapprocher davantage; on creusait aussi les galeries anciennes à un niveau plus bas; on élevait leurs voûtes; et enfin on en venait à former des étages nouveaux, si l'expérience avait fait connaître qu'on pouvait le tenter.

Vers le milieu du troisième siècle, c'est un nouveau mode que nous voyons prévaloir. Il est toujours simple et régulier; il respecte encore les limites légales de l'*area*, mais il n'a plus qu'une ligne principale, un axe qui traverse l'*area* dans toute son étendue, et auquel viennent, à droite et à gauche, s'insérer des rameaux sur la voie principale, pour s'étendre jusqu'aux limites de l'hypogée. D'autres tronçons accessoires relient à leur tour ces premiers rameaux, deux à deux. Ce mode nouveau fut certainement adopté pour faciliter la multiplication des *cubicula* [1] qui devenaient de plus en plus nombreux, à mesure sans doute que les pieuses réunions aux Catacombes avaient elles-mêmes pro-

---

[1] Chambres où l'on se couche pour dormir ; chambres sépulcrales des cimetières chrétiens.

gressé. Ce système se reconnaît d'une manière frappante dans l'*area* de Saint-Eusèbe, et dans les trois premières *arcæ* de Sainte-Sotère, au cimetière de Saint-Calixte.

Ce mode subsista encore durant tout le quatrième siècle, bien qu'à cette époque on voie surgir le système de labyrinthes inextricables, sans plan défini, sans fil d'Ariane, visible du moins, pour se pouvoir guider. Quel fut le motif et le but de ce dernier système? Nous ne saurions le dire, car il apparaît surtout quand les persécutions sont finies, et que ce dédale de galeries confuses n'est plus utile pour se cacher.

Nous avons remarqué le soin diligent des Chrétiens à respecter la loi dans le développement des galeries souterraines de leurs cimetières. Ils y furent fidèles tant que la loi elle-même respecta leurs droits. Mais quand des édits barbares prétendirent leur enlever l'usage de leurs cimetières sacrés, force leur fut de chercher les moyens d'échapper aux effets de ces vexations nouvelles. Ils franchirent alors les limites des *arcæ*, en ouvrant des communications de l'une à l'autre, pour former un vaste réseau d'ensemble, où il leur était plus facile de fuir devant leurs persécuteur et de leur *échapper*.

Observons toutefois que nous ne prétendons point en tout ceci exposer une théorie technique absolue, invariable; nous disons simplement ce qui nous paraît s'être le plus ordinairement pratiqué.

Ces détails un peu complexes, un peu arides, paraîtront peut-être au lecteur sans grand intérêt.

Ils étaient pourtant nécessaires pour faire mieux apprécier le travail immense et savant qu'ont exigé les Catacombes; pour donner aussi une idée générale de la topographie de la Rome souterraine; mais surtout pour aider le visiteur à garder un souvenir plus précis de tous les détails minimes qui auront passé sous ses yeux, et de tous les renseignements rapides que ses guides ne lui auront pas épargnés.

CHAPITRE DOUZIÈME.

**Topographie générale des Catacombes.
III. Les sépulcres.**

La Rome souterraine a ses demeures des morts, avons-nous dit, le long des voies étroites et sombres dont nous venons de parler. Il est intéressant de connaître l'ordre, la convenance, l'art même avec lequel ces sépulcres étaient travaillés et disposés.

Les sépulcres des Catacombes sont des niches oblongues, horizontales, étroites pour les pieds, larges pour le buste et la tête, creusées régulièrement dans les parois des galeries, dans toute leur longueur et sur toute leur hauteur. Des tablettes de marbre, de simples briques, ou des pierres taillées scellaient hermétiquement les ouvertures de ces sépulcres. Des inscriptions, grecques ou latines, fort laconiques d'abord, mais plus prolixes avec le progrès du temps, rappelaient le nom du mort et son souvenir. Parfois une image symbolique fort simple, ou quelque pieuse acclamation, ajoutait une pensée religieuse; d'autres fois un dessin, un signe rappelait la profession du défunt. Et c'était là toute l'éloquence despensée aux funérailles de nos héros des premiers temps. Quel enseignement pour notre siècle!

Les longues séries horizontales de ces sépulcres avaient assez de ressemblance avec les rayons d'une vaste bibliothèque; mais j'aime mieux y voir comme les chambres de ces étages superposés des hautes maisons qui bordent les rues de nos grandes villes, durant le sommeil d'une profond nuit.

Les Chrétiens désignaient ces sépulcres par le mot *locus*, une place ; les modernes disent plus ordinairement *loculus*, une petite place. Les corps, doucement posés dans ces niches, semblent y dormir, comme les voyageurs dans les hamacs d'un navire.

Au commencement, les fossoyeurs ne ménageaient pas la place, et laissaient de larges intervalles entre les *loculi* ; plus tard, ils se montrèrent économes, par nécessité, et ne laissèrent que l'épaisseur suffisante pour ne point compromettre la solidité. Ils firent même, pour deux, trois, quatre corps à la fois, des cavités qu'ils appelaient *locus bisomus, trisomus, quadrisomus*.

Précédemment, nous avons déjà observé que les fossoyeurs tenaient les galeries éloignées les unes des autres, se défiant probablement de la solidité du tuf; mais plus tard, éclairés sans doute par l'expérience, et pressés par la nécessité d'employer toute la place, ils multipliaient ces galeries, et les rapprochaient les unes des autres le plus possible. Mais alors ils se gardaient de creuser aux angles de grands et profonds *loculi* ; ils n'y plaçaient plus que les sépulcres des petits enfants, ce qui ne pouvait compromettre la résistance des parois.

Parfois encore on revenait sur les excavations premières, pour glisser, dans les larges intervalles laissés d'un *loculus* à l'autre, d'autres tombeaux, reduits à leurs plus strictes dimensions. Dans les galeries de dates plus récentes, ce mélange de tombes nouvelles avec les anciennes n'existe plus; les fossoyeurs, mieux instruits des conditions de leur travail, savaient mieux aussi en tirer parti. S'ils ouvraient une galerie nouvelle, au lieu d'en transporter la terre au dehors par un travail long, coûteux, difficile, ils la versaient dans la galerie précédemment terminée, où pas une place n'avait été laissée vide.

On rencontre aujourd'hui des galeries de ce genre, et presque des étages entiers, que la main dévastatrice des barbares ou des indiscrets n'a pas touchés. Aussi est-ce une joie inexprimable pour l'archéologue de retrouver là un travail complet et intact, tel que les premiers Chrétiens l'ont accompli. Malheureusement ce ne sont point les cryptes célèbres, historiques, riches en souvenirs, auxquelles leur célébrité même a valu tant de ruines! N'importe, on est heureux toutefois de revoir, en ces reliques intactes d'une antiquité reculée, quelque chose de la grave et sévère beauté de la Rome souterraine d'autrefois.

Bien différente au contraire est l'impression ressentie à l'aspect de ces autres passages que le pied des barbares a pu fouler. Là presque tous les sépulcres sont violés et pillés; là les ossements et la poussière des Saints ont été dispersés; là nos regards ne rencontrent guère que les ravages causés par la méchanceté des hommes; et, disons-le avec regret, par je ne sais quelle impéritie qui, dans les derniers siècles, a fait enlever et disperser tant de marbres et de précieuses inscriptions, dont nous regrettons si vivement la perte aujourd'hui.

Si, malgré tout, la piété nous fait revoir encore avec bonheur ces lieux vénérables, où tout est sacré, même les ruines, cependant la pensée de tant de violences sacrilèges, exercées contre la paisible demeure des Saints, ne laisse pas de diminuer notre joie et de resserrer notre cœur.

Mais hâtons-nous de revenir à des sentiments plus doux.

CHAPITRE TREIZIÈME.

Topographie générale des Catacombes.
IV. Les chambres sépulcrales.

Outre ses rues et ses innombrables demeures des morts, la Rome souterraine nous réserve encore la surprise de ses palais et de ses édifices sacrés. Je dis *palais,* car ce sont les demeures des héros chrétiens, les martyrs; et je dis édifices sacrés, car ce sont des temples, où se célébrait le mystère eucharistique. Pourtant, que notre imagination ne s'enflamme point, et ne nous emporte pas trop loin de la vérité. Ces palais, ces sanctuaires sont sans faste et sans grandeur, au sens des idées de la terre. Les premiers Chrétiens, plus modestes que nous dans leur langage, appellaient simplement *cubicula,* ces chambres où l'on reposait dans le sommeil de la mort. Allusion touchante, déjà connue, et que nous aurons plus d'une fois encore à rappeler!

Le long des galeries souterraines, vous rencontrez presque à chaque pas des ouvertures basses, en forme de portes, c'est l'entrée d'un *cubiculum.* Elles vous introduisent dans des chambres de forme rectangulaire, de quatre à cinq mètres de côté, à peine, mais de hauteur généralement plus élevée. Souvent le long tuyau d'un lucernaire, qui va chercher la lumière et l'air au-dessus du sol, leur donne un aspect grandiose et je ne sais quoi de mystérieux.

Ces chambres sont rarement seules et isolées; vous les trouvez plus souvent géminées, et même réunies trois ou quatre dans un même ensemble. Les chambres doubles sont ordinairement disposées l'une à droite, l'autre à gauche de la galerie, mais souvent aussi d'une même côté et communiquant entre elles par un étroit passage.

Cette disposition témoigne visiblement que les fidèles s'y assemblaient, et nous savons d'ailleurs que leurs réunions avaient pour but la prière pour les défunts, les honneurs rendus aux martyrs et la célébration des saints mystères. Les témoignages de l'histoire ne laissent aucun doute à ce sujet. On a trouvé du reste certaines chambres sépulcrales, surtout au cimetière d'Ostrianus [1], près de la basilique de Sainte-Agnès, qui présentent les caractères de véritables églises souterraines : la chaire du Pontife adossée au parapet de l'*arcosolium* principal, les sièges des prêtres établis de chaque côté comme dans le sanctuaire des basiliques, et les dispositions prises pour placer séparément les hommes, les femmes, les catéchumènes.

Le tombeau était au fond de la chambre principale, dans la paroi qui faisait face à la porte. Il n'avait plus la forme simple des *loculi*; c'était

---

[1] Il eut le premier l'honneur de posséder le siège de Pierre : *Sedes, ubi prius sedit Petrus apostolus.*

une grande niche, dont la partie inférieure, creusée à *auge*, renfermait le corps du martyr, tandis que l'autre moitié restait vide et destinée à recevoir des ornements. Une table de marbre fermait le tombeau et servait d'autel. Dans les premiers temps, la niche était de forme rectangulaire; plus tard, on la termina en demi-cercle, et ces sortes de tombeaux prirent le nom d'*arcosolia*[1].

Les chambres sépulcrales, quoique destinées à recevoir la glorieuse dépouille des martyrs, furent cependant creusées quelquefois aux frais et pour la sépulture de quelque noble famille. Mais ce reste des anciens usages romains se retrouve peu fréquemment. Car la grande institution des cimetières chrétiens fut inspirée, non par l'ancien esprit de famille, si vivant à Rome, et si respectable assurément, mais par le sentiment nouveau de la fraternité de tous les fidèles dans la foi, dans l'espérance et dans la communion de l'Église.

La dépouille mortelle du chrétien devait reposer en paix au milieu de ses frères; la prière de l'Église devait l'accompagner au *cœmeterium*, ou *dormitorium*, sa demeure temporaire; le sacrifice même devait s'y renouveler souvent pour ces morts, unis jusque dans leur sommeil, comme ils l'avaient été dans leur vie. De là les cimetières en commun, et non plus les tombeaux isolés des familles,

---

[1] C'est-à-dire *châsse* ou *niche arquée*.

et encore moins les *colombaires*¹ payens, destinés à garder dans des urnes la cendre des morts.

Qu'il est touchant de retrouver aujourd'hui, sur des fragments de marbre, échappés aux dévastations, le nom d'un personnage de famille patricienne, senatoriale, consulaire, dont le corps fut déposé, sans faste, sans choix, dans un simple *loculus*, au milieu d'autres sépulcres sans nom, de pauvres esclaves peut-être, et dans le rang, comme nous dirions aujourd'hui.

Quant aux privilégiés qui avaient donné leur sang pour la foi, qu'ils fussent esclaves ou de noble race, on ne croyait pouvoir leur rendre trop d'honneurs, ni leur marquer trop de respect. Aux uns, on creusait des *arcosolia* ou même des *loculi* dans la muraille commune, mais on ornait leurs tombes avec un culte plus pieux, et l'on y déposait, à côté de leurs restes, une fiole de leur sang, pour attester leur dignité de martyrs du Christ. A d'autres plus célèbres, ou plus élevés par leur rang, on consacrait ces cryptes historiques, où la foule venait prier et s'enthousiasmer pour le martyre. Que l'on ne s'étonne point si l'on a compté d'innombrables martyrs dans les trois premiers siècles seulement. En verité, la

---

¹ Ce nom vient de ce que ces sortes de tombeaux avaient leurs parois garnies de petites niches ayant quelque ressemblance avec les creux d'un colombier. On y déposait les urnes remplies de la cendre des divers membres de la famille.

rage seule des persécuteurs, ce me semble, ne saurait expliquer cette merveille. Il faut bien plus mettre en ligne de compte ce que les payens appelaient la folie des Chrétiens, et saint Paul la folie de la Croix de Jésus-Christ!

Que la vue de ces saints lieux doit donc nous émouvoir nous-mêmes, et nous élever à de forts et généreux sentiments! Plus souvent, hélas! ce sont de petites pensées qui nous occupent, et sur des riens nous cherchons querelle à nos guides. Comment les Chrétiens, objectons-nous, déjà si nombreux dès le second siècle, pouvaient-ils tenir des réunions ici dans des chambres où vingt personnes ne pourraient respirer longtemps ensemble?

On oublie que les Chrétiens ne venaient là que peu nombreux à la fois, par circonstance, par dévotion, tandis que leurs assemblées régulières se tenaient dans les *titres*[1], maisons privées, qui servaient aux réunions liturgiques, comme nos églises paroissiales d'aujourd'hui. Or l'Église possédait vingt-cinq titres, à la fin du troisième siècle, et peut-être même depuis le milieu de ce même siècle, du temps de Saint Corneille.

Sans doute, dans les temps de trouble et de persécution, il fallait bien recourir aux Catacombes pour prier et communier; mais, qu'on se pénètre bien de cette pensée, ce ne fut jamais un

---

[1] Cette dénomination venait de ce que c'étaient des particuliers qui possédaient un titre légal, *titulus*, sur ces maisons.

grand nombre à la fois, ni jamais régulièrement comme dans les *titres*, ou comme dans les édifices construits au-dessus de terre. Seulement, pour favoriser un plus grand nombre de fidèles, on les distribuait dans les chambres voisines de celles où se célébraient les saints mystères. De là ils pouvaient entendre la voix du prêtre s'unir à lui et communier avec lui par la réception du pain céleste que les diacres venaient leur distribuer. Aussi voyons-nous les chambres des Catacombes devenir plus nombreuses dans la dernière moitié du troisième siècle et dans les commencements du quatrième, où les réunions des fidèles furent plus inquiétées qu'auparavant.

Ce fut également en vue du groupement des fidèles, dans ces réunions souterraines, que furent établis ces grands lucernaires qui envoyaient l'air et le jour à plusieurs cryptes à la fois. Car ils ne sont pas seulement de l'époque de la paix, puisque nous voyons des martyrs précipités par des lucernaires durant la persécution de Dioclétien. Ainsi les saintes martyres Candide et Pauline subirent ce barbare traitement, et furent ensevelis sous un monceau de pierres qu'on jetait d'en haut sur leurs membres délicats.

On retrouve encore d'autres indices non moins indubitables de la nécessité où se trouvèrent les Chrétiens de transporter toute leur vie religieuse, pour quelque temps du moins, aux Catacombes. Ainsi dans certaines cryptes, nous l'avons déjà dit, vous voyez la chaire du Pontife, taillée dans le tuf, au fond de l'abside, comme dans nos basiliques, et, de chaque côté, des bancs taillés aussi pour les clercs qui devaient l'accompagner dans l'accomplissement de ses fonctions sacrées. Ailleurs, la chaire était portative, et une place spéciale, au fond de l'abside, était réservée pour l'y déposer. On voit même quelquefois, comme au cimetière de Pontien, une petite chambre creusée à la suite de la principale; on y pénétrait par une petite porte étroite; on y descendait par quelques degrés; et l'on y conférait le baptême à l'abri des persécuteurs. Notons cependant que l'orage, qui refoulait ainsi toute vie chrétienne dans les lieux les plus secrets des Catacombes, n'a jamais assez duré pour que nous ayons à en retrouver des traces bien multipliées.

Tel est l'aspect que nous présente une catacombe, quand nous en parcourons plus ou moins rapidement les voies souterraines. Mais il est des détails, effleurés à peine, qui appellent toute notre attention à leur tour. Je veux dire les inscriptions, les symboles, les peintures, les ornements de tous genres, par lesquels les premiers Chrétiens nous ont révélé pour ainsi dire leurs sentiments intimes, nous ont transmis toute leur pensée. La mine est riche, la source abondante; essayons d'en recueillir assez pour satisfaire notre légitime curiosité, dans les étroites limites où nous devons nous circonscrire.

CAPHITRE QUATORZIÈME

Les Inscriptions des Catacombes.
I. Les épitaphes des tombeaux.

Pour embrasser un sujet moins vaste à la fois, nous distinguerons les Inscriptions des Catacombes en trois classes: les Épitaphes des tombeaux, les Inscriptions Damasiennes, les Graffites [1].

Il semble de prime abord que les épigraphes chrétiennes, gravées sur les sépulcres des Catacombes, ne doivent pas nous offrir grand intérêt. De simples noms propres inconnus, des exclamations pieuses en latin barbare, la date de la mort et la durée de la vie d'un défunt sans renom, des images simples et souvent grossières, et voila tout, à peu près.

Pourtant, quels trésors les savants archéologues ont su y découvrir! La chronologie des Catacombes, les mœurs simples des fidèles, leurs espérances, leur foi, leur piété, toute la vie chrétienne pour ainsi dire, nous est révélée par ces tables de marbre qui semblent muettes, mais dont le langage dans son laconisme est pourtant si éloquent.

---

[1] Inscriptions que les anciens visiteurs des Catacombes ont tracées à la pointe sur les murailles.

I.

L'indice d'une haute antiquité dans les Catacombes, c'est la brièveté du style épigraphique, la beauté et la correction des caractères. Ainsi les plus anciennes épitaphes portent le simple nom du défunt et rien de plus, ou du moins ce n'est qu'un signe symbolique de leur profession ou de leur foi qui l'accompagne. Car au commencement les Chrétiens n'aimaient pas à faire ostentation ni de leur condition, ni de leur rang, et encore moins à révéler les mystères de leur foi, pour ne point la trahir aux yeux indiscrets des payens.

Parfois cependant quelque soupir s'échappe du cœur, et les sentiments s'exhalent en de pieuses acclamations. C'est, par exemple, le souhait apostolique que les fidèles reçoivent de la bouche de leurs Évêques et qu'ils renvoient à leurs chers parents: BLASTIANE PAX TECVM; *Blastien, la paix soit avec toi*, lit-on sur le convercle d'un sarcophage, trouvé dans la crypte de Lucine, dans le voisinage du tombeau de Saint Corneille.

De là les formules *in pace, te in pace, pace;* ou en grec ἐν εἰρήνη, εἰρήνη, qui deviennent si fréquentes à mesure que l'on s'éloigne de la première époque.

C'est encore le souhait de la vie éternelle en Dieu, car il est au fond de toute pensée chrétienne, comme dans cette épitaphe: FAVSTINA DVL-

CIS BIBAS [1] IN DOMINO: *Douce Faustine, vis dans le Seigneur.* Qui n'admirerait le sentiment de piété simple et tendre qui respire en ces quelques mots, si différents de nos longues et prétentieuses épitaphes modernes? Cette formule se varie en diverses manières: *Vivas in Deo, in Christo.* Si ces expressions se multiplient, c'est que l'on s'est avancé dans le temps, les sépulcres sont plutôt de la seconde époque que de la première.

L'emploi du mot κατάθεσις, *depositio*, dans les inscriptions, est aussi un caractère de la seconde époque, c'est-à-dire de la seconde moitié du second siècle. Dès lors l'usage en devient fréquent dans les Catacombes.

Par ces indices, et d'autres encore, précieux pour qui sait les lire, les Catacombes portent donc en elles-mêmes le marque indubitable de la plus ou moins haute antiquité des diverses *arcæ* que l'on trouve dans le cours de leurs développements successifs.

II.

La chronologie des Catacombes n'est pas le seul point sur lequel les inscriptions jettent un jour nouveau; les dogmes les plus importants de la foi chrétienne ressortent avec une éclatante évidence des acclamations et des prières qu'on lit, en si grand nombre, sur les pierres des tombeaux.

---

[1] *Bibas* est un idiotisme de prononciation vulgaire pour *vivas*.

Constatons en premier lieu la foi en Dieu et en la Sainte Trinité.

Selon l'antique tradition de l'Église romaine, rapportée par les plus anciens témoignages, on enseignait aux catéchumènes, avant de les admettre au baptême, *à croire au Père d'abord, puis au Fils de Dieu, le Christ Jésus, Notre Seigneur Dieu* [1]; puis, *quand ils approchaient du bain sacré de la régénération*, on leur faisait prononcer la formule, où se résume toute la doctrine sur Dieu, en trois articles: *Je crois en Dieu le Père tout-puissant, et en Jésus-Christ son Fils, et au Saint-Esprit* [2].

Or, rien n'est plus fréquent dans les Catacombes que les expressions qui semblent un écho de cette profession de foi solennelle. Telles sont entre autres les suivantes:

IN NOMEN DEI; IN NOMINE DEI; *au nom de Dieu*. C'est la formule initiale de tout acte solennel d'un chrétien.

De même: IN NOMINE ☧; IN N ☧; (*in nomine Christi); au nom du Christ*; IN ☧ DEO; *en Dieu le Christ*.

Ou en grec: ΕΝ ΘΕѠ ΚΥΡΕΙѠ ΧΡΕΙΣΤѠ; *en Dieu le Christ notre Seigneur*. Ajoutons-y le

---

[1] Novatianus: *De Trinitate, seu de regula fidei*, cap. 9. [Sous le Pontificat de Fabien, milieu du III° s.]

[2] Vigilii Tapsensis, *Contra Arianos dialogus*, I, 3. — Dionys. Roman. ap. Athanas., *De decretis Nicæn. Synod.*, I, 26.

célèbre acrostiche, ΙΧΘΥΣ, auquel nous reviendrons plus loin, et qui signifiait : *Jésus-Christ, Fils de Dieu, Sauveur.*

Toutes ces expressions affirmaient nettement pour les Chrétiens la croyance en la divinité de Jésus-Christ, dont la Religion, aux yeux des payens mêmes, était le culte par excellence du Dieu unique et véritable, et la négation essentielle du polythéisme.

Citons enfin les expressions suivantes, latines ou grecques, qui affirment la croyance au Saint-Esprit :

IN SPIRITV SANCTO ; *dans le Saint-Esprit :* ΕΝ ΑΓΙΩ ΠΝΕΥΜΑΤΙ ΘΕΟΥ ; *dans le Saint-Esprit de Dieu.* Nous retrouvons ainsi complète la profession de foi du Saint Baptême.

III.

Avançons encore dans cette étude intéressante, et recherchons maintenant dans les inscriptions funéraires l'expression des sentiments religieux les plus élevés : la foi à la vie future, à la Rédemption par le baptême, à la communion des Saints, vivants et morts.

En voici d'abord qui attestent les invincibles espérances dans une vie meilleure, que les Chrétiens ont tant de fois affirmées en face du martyre.

Une première ne porte que ces simples mots : PAX TECVM VRANIA ; *la paix soit avec toi, Uranie ;* mais la figure d'une ancre, gravée sur le marbre, est posée debout devant ces paroles. Nous connaissons déjà le sens des mots: *pax tecum*, mais le symbole qui les accompagne leur donne leur pleine explication. L'ancre c'est le salut; c'est aussi la croix déguisée, signe du salut; la paix demandée pour *Urania*, c'est donc la paix au ciel, en Dieu, comme d'autres inscriptions le disent expressément.

Remarquons aussi le nom *Urania*, qui veut dire *Céleste*, et qui s'accorde si bien avec le reste. On sait que les premiers Chrétiens, au saint baptême, ajoutaient volontiers à leurs noms payens quelque *agnomen* [1] plus en harmonie avec leur foi et leurs espérances. Nous voyons ici le clair témoignage de ce fait.

Une autre épitaphe est d'un style moins laconique: *Amerinus Rufinæ conjugi carissimæ, bene merenti, spiritum tuum Deus refrigeret.* " Amerinus à Rufine son épouse très chère et bien méritante. Que Dieu refraîchisse ton âme! „

Quel cœur! quelle foi! quelle tranquille confiance dans cet adieu si simple et si expressif! Toute l'âme chrétienne se révèle dans ce peu de paroles.

En voici une troisième plus brève, mais un symbole en complète la pensée:

Firmia Victora quæ vixit annis LXV. " Firmia Victora, qui vécut soixante cinq ans. „

Au-dessus de ces mots se voit un navire abor-

---

[1] *Agnomen*, surnom.

dant au port, marqué par un phare. Ce n'est plus la simple espérance, c'est la certitude du salut. C'est l'âme de cette vertueuse chrétienne, ballottée durant une longue vie sur une mer pleine de tempêtes, et parvenant enfin au lieu de l'éternel repos.

Partout donc, dans ces pieuses inscriptions, domine la pensée de ce grand dogme chrétien, si plein de charmes pour l'homme pauvre et éprouvé : la vie future, le port après la tempête, la paix après le combat.

IV.

Mais la foi à la vie future appelle la foi à la Rédemption du Christ, par le baptême, qui rend l'homme, l'enfant même, participant de la Rédemption. Voici cette pensée exprimée dans une inscription du troisième siècle, sur le *loculus* d'un enfant :

D · M · S · *Florentius filio suo Aproniano fecit titulum bene merenti, qui vixit annum et menses novem, dies quinque ; cum soldu* (solide) *amatus fuisset a majore sua et vidit hunc morti constitum* (constitutum) *esse, petivit de Æcclesia* (ecclesia) *ut fidelis de sæculo recessisset.*

" *Dedié aux Dieux Manes.* Florent à son fils Apronien,
" qui a bien mérité, a fait cette inscription. Il a vécu un
" an, neuf mois, et cinq jours. Il fut grandement aimé de
" son aïeule ; et celle-ci l'ayant vu en danger de mort, pria
" l'Église de le faire sortir du siècle avec la marque du
" fidèle. "

Nous ne pouvons laisser passer cette formule payenne D · M · S · jointe à l'épithaphe d'un enfant chrétien, sans en dire un mot. Ce fait est rare, on en trouve pourtant des exemples. L'usage de cette formule était devenu pour les Romains comme la marque obligée de toute inscription funéraire. On n'y attachait plus d'autre sens. Elle put donc aisément, par une inadvertance bien naturelle, se glisser quelquefois dans les épigraphes des Chrétiens. N'est-ce pas ainsi que, par la force de l'habitude, on a conservé et transmis jusqu'à nous les noms payens des jours de la semaine, sans que personne ait la pensée de rendre par là quelque hommage à la Lune ou à Jupiter?[1]

Mais passons sur cette misère pour admirer la sollicitude de cette digne aïeule chrétienne, qui ne veut point laisser partir ce petit enfant qu'elle aime, sans l'avoir fait régénérer dans le saint baptême par le ministère de l'Église. Ne retrouvons-nous pas ici, avec la même foi, avec les mêmes croyances, le même sentiment que nous reconnaissons en nos propre mères, toujours vigilantes pour le salut de leurs enfants?

V.

Cette unité de foi et de sentiments religieux, entre nos ancêtres chrétiens et nous, va se mani-

---

[1] Lundi, *dies Lunæ*; Jeudi, *dies Jovis*.

fester d'une manière non moins frappante dans le dogme que nous appelons la *Communion des Saints*.

Relevons quelques épigraphes décisives.

Anatolius filio benemerenti fecit qui vixit annis VII menses VII diebus XX ispiritus (sic) *tuus bene requiescat in Deo petas pro sorore tua* [1].

" Anatole à son fils qui a bien mérité a fait (ce *sépul-*
" *cre*). Il a vécu sept ans, sept mois, et vingt jours. Que
" ton âme repose en Dieu! Prie pour ta sœur! "

Prie pour ta sœur! Voilà bien cette céleste confiance, hier comme aujourd'hui, toujours la même, que nos chers morts qui reposent en Dieu, ne fussent-ils qu'un petit enfant, ne nous oublient point, ne sont pas impuissants, mais qu'ils prient pour nous!

La même pensée est exprimé d'une manière plus forte encore, s'il est possible, dans cette autre inscription : *Pete pro parentes tuos matronata Matrona quæ vivit annum I dies LII.*

" Prie pour tes parents, ô Matrona, devenue vraiment
" matrone. Elle a vécu un an et cinquante-deux jours. "

C'est une enfant d'un an, mais elle est devenue une grande dame dans le ciel que lui a ouvert le baptême; elle peut donc prier pour ses parents; aussi l'invoquent-ils avec confiance. Comment nier la croyance à la communion des Saints?

---

[1] Il faut observer que les inscriptions sont faites en langue vulgaire, usuelle. On y voit le premier essai de ces transformations qui ont produit peu à peu la langue nouvelle. Ainsi, c'est le mot *ispiritus*, pour *spiritus*, qui a formé le mot italien *ispirito*.

L'exprimerions-nous d'une manière différente ou plus parfaite, dix-sept siècles après?

Lisons encore cet autre témoignage, où la prière n'est plus adressée à un enfant, mais à une épouse par son époux:

Aurelius Agapitus et Aurelia Felicissima alumnæ Felicitati dignissimæ quæ vivit annis XXX et VI. Et pete pro Celsinianum conjugem.

" Aurèle Agapit et Aurelie Felicissime à leur *alumna* „ Félicité, très digne, qui a vécu trente-six ans. Prie pour „ Celsinien ton époux. „

L'inscription n'est pas d'une seule main; la phrase finale a été ajoutée par l'époux de la défunte, à qui des maîtres chrétiens avaient procuré une sépulture honorable.

L'emploi du mot *alumna* est digne de remarque. Il désignait chez les Romains une classe spéciale d'esclaves ou d'affranchis. Les enfants exposés sur les places publiques, ou dans les rues, par des parents sans entrailles, appartenaient à qui voulait les recueillir et les élever. On les appelait *alumni*, nom plus doux que ceux de *servi* ou de *liberti*[1]. C'est pourquoi les fidèles, qui voyaient des frères dans leurs esclaves chrétiens, ne les désignaient sur leurs tombes que par le titre d'*alumni*. Ainsi commençait à se poser, en pratique, dès les Catacombes, le principe de l'abolition de l'esclavage.

Quant à la second partie de l'épitaphe, où

---

[1] *Servi*, esclaves; *liberti*, affranchis; *alumni*, élèves, ceux que l'on a nourris.

Celsinien sollicite les suffrages de sa très digne épouse, elle n'est pas moins remarquable au point de vue qui nous préoccupe. Non-seulement elle affirme de nouveau l'invocation des âmes pieuses que l'on a aimées sur la terre, mais elle montre que l'Église ne fait pas moins de cas des suffrages de la pauvre femme esclave que de ceux de la petite fille innocente des riches patriciens.

A toutes ces inscriptions si touchantes et si pleines d'enseignements, il est bon que nous en ajoutions une autre qui témoigne de la croyance à l'efficacité de la prière des vivants pour les morts. Elle est aussi des premiers siècles.

D. P.[1] *Luciferæ conjugi dulcissimæ omnem dulcedinem. Cum luctum maxime marito reliquisset meruit titulum inscribi ut quisque de fratribus legerit roget Deum ut sancto et innocente spirito ad Deum suscipiatur.*

" Sépulture de Luciféra, épouse très douce, de toute
" douceur. Elle a laissé à son mari un deuil inexprima-
" ble ; elle a mérité l'inscription gravée sur ce monument.
" Que chacun des frères qui la lira demande à Dieu que
" cette âme sainte et innocente soit reçue auprès de Dieu. "

Ici encore nous retrouvons l'origine de nos habitudes chrétiennes; c'est presque identiquement la demande de prières que nous formulons au bas des tombes de nos morts aujourd'hui.

Terminons ce chapitre par une réflexion qui se dégage de tout ce que nous avons dit. C'est

---

[1] D. P. est un sigle qui signifie *depositio*, sépulture.

que nos croyances religieuses ont leurs racines aux Catacombes, fermement enlacées autour des tombeaux de nos ancêtres dans la foi, et que nulle main téméraire ne saurait les en arracher.

CHAPITRE QUINZIÈME.

Les Inscriptions des Catacombes.
II. Les Inscriptions Damasiennes.

Les inscriptions gravées sur la tombe des premiers fidèles par la piété de leurs frères, ne sont pas seules à nous rendre témoignage des sentiments des premiers Chrétiens et à nous révéler l'histoire des Catacombes. Il en est d'autres qui ont pour nous un prix particulier. Ce sont ces petits poèmes, d'une exquise suavité, que le Pape Saint Damase fit inscrire dans les cryptes les plus célèbres des Catacombes, pour glorifier les héros du Christianisme. Nous y trouvons un témoignage, pour ainsi dire officiel, du culte que l'Église continuait de rendre à ses martyrs, à l'âge de sa pleine liberté, comme elle l'avait fait aux siècles de la persécution.

Toutes ces inscriptions furent dessinées par le célèbre Furius Dionysius Filocalus, en caractères d'une beauté et d'une exécution parfaite, qui les fait distinguer aisément de tous les autres.

Il nous suffira de rappeler ici quelques-unes de ces poésies damasiennes, des plus intéressantes du reste ; nous en retrouverons d'autres au cimetière de Saint-Calixte.

I.

Donnons le premier rang à la crypte Vaticane, la plus ancienne de toutes, et la plus illustre d'ailleurs par la sépulture du Prince des Apôtres et des Papes des deux premiers siècles. Saint Damase exécuta de grands travaux pour la restaurer et la sauver d'une ruine imminente; il fit graver les vers suivants sur une grande table de marbre, placée près du tombeau de Saint Pierre.

Cingebant latices montem, teneroque meatu
Corpora multorum, cineres atque ossa rigabant.
Non tulit hoc Damasus, communi lege sepultos
Post requiem tristes iterum persolvere pœnas.
Protinus aggressus magnum superare laborem,
Aggeris immensi dejecit culmina montis.
Intima sollicite scrutatus viscera terræ,
Siccavit totum quidquid madefecerat humor;
Invenit fontem, præbet qui dona salutis.
Hæc curavit Mercurius levita fidelis.

" Les eaux répandues autour de la colline, pénétraient, „ par une lente infiltration, un grand nombre de corps, et „ détrempaient leurs cendres et leurs ossements. Damase „ ne voulut point que ces restes, après avoir subi la loi „ commune de la sépulture, eussent à souffrir encore une „ destruction plus triste, jusque dans leur repos. Le tra„ vail qu'il entreprit était immense. La colline était élevée, „ il en abattit d'abord la masse énorme; puis, fouillant „ avec soin les entrailles de la terre, il desséchа tout ce que „ l'eau avait pénétré, et fit servir la source découverte à „ conférer le don du salut. Mercure, son diacre fidèle, a „ surveillé ces travaux. „

Ne laissons point échapper le mot qui rappelle l'érection par Saint Damase du baptistère de la Basilique Constantinienne [1] : *il fit servir la source découverte à conférer le don du salut;* car ce fait nous rappelle que le saint Pape avait ordonné de graver au frontispice cet autre vers :

Una Petri sedes, unum verumque lavacrum.
" Il n'y a qu'un siège de Pierre, comme il n'y a qu'un seul et véritable baptême. "

Magnifique traduction du mot de Saint Paul : *Una fides, unum baptisma* [2] ; une seule foi, un seul baptême. L'unité de foi, l'unité de baptême, l'unité du siège de Pierre, c'est tout un. Et qu'on n'oublie pas que c'est un pape du quatrième siècle, au sortir des persécutions, qui proclame ce dogme au frontispice du baptistère de la basilique du Prince des Apôtres.

II.

Après la crypte Vaticane, la crypte la plus célèbre, et la plus vénérée, est celle de la basilique de Saint-Sébastien sur la voie Appienne ; car elle est aussi une crypte apostolique. Une très ancienne tradition nous apprend que les corps des apôtres Pierre et Paul y ont reposé quelque temps. Aussi,

---

[1] On sait que ce fut Constantin qui fit construire la première basilique élevée sur le tombeau de Saint Pierre, et qui, de ses propres mains, voulut commencer le travail.
[2] Eph. IV, 5.

malgré l'oubli général qui enveloppa les Catacombes de Rome, pendant de longs siècles, celle-ci ne fut jamais délaissée. Il n'est donc point étonnant que nous retrouvions, aujourd'hui, que Saint Damase ait célébré dans ses vers la tradition si glorieuse pour la basilique de Saint-Sébastien.

Voici en quels termes le pieux Pontife rappelle des faits, bien connus de son temps, mais qui seraient assez obscurs pour nous, si nous n'en avions l'interprétation par d'autres documents.

Hic habitasse prius sanctos cognoscere debes;
Nomina quisque Petri pariter Paulique requiris.
Discipulos Oriens misit, quod sponte fatemur;
Sanguinis ob meritum Christum per astra sequuti,
Ætherios petiere sinus et regna piorum,
Roma suos potius meruit defendere cives.
Hæc Damasus vestras referat, nova sidera, laudes.

" Ici, vous devez le savoir, des saints ont autrefois reposé. Sans peine vous retrouvez leurs noms: Pierre et Paul. C'est l'Orient qui nous envoya ces apôtres, nous l'avouons volontiers. Mais par le mérite de leur sang versé à Rome, ayant suivi le Christ vers les astres et atteint les demeures célestes, au royaume des élus, ils purent à bon droit être par Rome revendiqués comme ses concitoyens. Astres nouveaux, permettez que par ces vers Damase publie vos louanges! "

Le saint Pontife nous semble envelopper sa pensée, disons-nous, de réticences et d'allusions obscures, qui seraient inintelligibles pour nous, si nous n'avions d'autres témoignages et d'autres traditions. Comment comprendrions-nous en particulier cette allusion à l'Orient qui envoya à Rome les Apôtres Pierre et Paul, et au droit des Romains sur la dépouille de ces mêmes Apôtres, si nous ne savions d'ailleurs qu'il y eut une lutte entre Rome et l'Orient sur la possession de leurs restes sacrés? Mais le langage du poète n'avait point d'obscurités pour ses contemporains, pour qui les faits étaient clairement connus.

Pour nous, nous avons le témoignage de Saint Grégoire-le-Grand, dont le récit, plus explicite, va nous confirmer le fait, et nous montrer quelle était, dès les premiers temps, l'attachement des fidèles pour la possession des restes glorieux des Apôtres et des martyrs.

Voici ce témoignage de Saint Grégoire brièvement résumé.

Les apôtres Pierre et Paul furent enterrés près de l'endroit où chacun d'eux subit le martyre, Pierre à la colline Vaticane, Paul sur la voie d'Ostie. A quelque temps de là, les Chrétiens d'Orient, prétendant que les corps de leurs glorieux compatriotes devaient leur appartenir, envoyèrent à Rome une députation pour les revendiquer. Ils réussirent à s'en emparer, on ne sait par quels moyens; et, par la voie Appienne, ils se dirigeaient vers Brindes, quand un violent orage, suscité par le Seigneur, les força de s'arrêter, et de déposer dans une grotte leur précieux fardeau, au lieu même où, plus tard, s'est élevée la basilique de Saint-Sébastien. Cependant, les Romains, étant sortis de la ville, accourent au lieu du dépôt des corps de leurs Saints Apôtres, et les remportent triomphants.

On le voit, les deux récits, sans faire disparaître toutes les obscurités, s'éclairent mutuellement sur le point qui nous intéresse avant tout, le dépôt et le séjour des corps des Apôtres dans la crypte de Saint-Sébastien.

De quelle durée fut ce dépôt? Une tradition voudrait que ce fût quarante ans, une autre dit plus humblement un an et sept mois; nous ne savons sur quels témoignages elles reposent, mais on voit que Saint Damase et Saint Grégoire sont également muets sur ce point. Mais qu'importe la durée? N'est-ce pas assez pour nous d'être assurés, par la parole de ces deux saints, de la vérité du fait principal, et que la basilique célèbre soit à bon droit reconnue pour l'un de nos sanctuaires les plus sacrés?

Tels sont les précieux témoignages que les belles inscriptions Damasiennes nous rendent de la foi et des sentiments religieux des premiers siècles.

Mais ce n'est pas tout; nous devons dire encore comment elles ont servi de nos jours à d'intéressantes découvertes dans la *Rome souterraine*.

III.

Ce n'est pas certes qu'elles soient demeurées intactes à la place où Saint Damase les avait posées.

Cette place d'honneur, dans les cryptes les plus célèbres et les plus accessibles, dut au contraire attirer sur elles les premiers coups. Elle furent donc mises en pièces, comme les plus belles choses, et leurs fragments dispersés. On ne les connaissait plus que par les copies qu'en avaient prises quelques pèlerins du neuvième siècle. Mais en nos jours, ces fragments disséminés et enfouis sous des monceaux de décombres furent les signes révélateurs des cryptes les plus célèbres de nos Catacombes.

En 1863, on déblayait la crypte de Saint-Janvier, au cimetière de Prétextat, sur la gauche de la voie Appienne. Était-ce bien la crypte de Saint-Janvier, et même le cimetière de Prétextat, où l'on travaillait? On le soupçonnait, on l'avait deviné, on était plein d'espérance; mais il fallait la certitude. Or voici quelques fragments d'une inscription damasienne qui viennent à la lumière; on les reconnaît à leur beauté et au type, qui est celui des caractères de Philocalus. C'est peu de chose que ces fragments: trois ou quatre petits morceaux de marbre, une dizaine de lettres en tout. C'était assez pour M. de Rossi. Avec ces quelques lettres il devinait les autres; il reconstituait l'inscription entière qui confirmait ses conjectures, et la célèbre crypte était retrouvée.

Un doute pourtant pouvait rester dans quelques esprits difficiles. La reconstitution des lettres damasiennes n'était-elle point hasardée? Bientôt les faits répondirent à la question; tous les fragments perdus furent retrouvés, et l'on put lire l'épigraphe dans son intégrité :

> BEATISSIMO MARTVRI
> IANVARIO
> DAMASVS EPISCOPVS
> FECIT

Au bienheureux Martyr Janvier Damase Évêque a fait (cette inscription).

Ce fut un triomphe pour le célèbre maître; mais ce ne fut point le dernier de ce genre. Quelques années plus tard il avait encore le bonheur de restituer le nom vénérable d'une illustre martyre, que depuis des siècles on appelait par erreur *Beatrix*, au lieu de *Viatrix*.

IV.

C'était en 1868. On fouillait le cimetière de *Generosa*, sur la voie *Portuensis*. Déjà l'on avait fait de belles et intéressantes découvertes lorsque apparut un fragment d'une inscription damasienne.

> ......STINO VIATRICI

Tout le monde savait que les deux frères *Simplicius* et *Faustinus*, avec leur sœur *Beatrix*, avaient été martyrisés sous Dioclétien et ensevelis en un même lieu, sur le voie *Portuensis*. Or;

voici qu'un autre nom est donné par l'inscription de Damase à la vierge martyre : c'est *Viatrix*. Car, il n'y a nul doute, les lettres STINO, qui précèdent VIATRICI, désignent *Faustinus* l'un des deux frères martyrs.

Mais le nom *Viatrix* n'était-il pas un idiotisme vulgaire pour *Beatrix*, comme l'ont pensé certains auteurs, dès le huitième siècle, comme l'ont répété à leur suite les Bollandistes mêmes, et tout le monde? C'est une erreur; ni saint Damase, ni son habile épigraphiste Filocalus, n'étaient capables de commettre une semblable faute. Du reste les manuscrits d'avant le huitième siècle n'appellent point autrement que *Viatrix*, la sœur des saints martyrs Simplice et Faustin.

Si l'on regrette d'abandonner un nom que la poésie chrétienne avait en quelque sorte consacré, celui de *Viatrix* manque-t-il donc de noblesse et de charmes? *Viatrix* n'est ni vulgaire, ni barbare, non plus que *Viator* [1], que je sache. C'est la belle expression de cette pensée chrétienne qui voit un *pèlerinage* dans la vie, un *viatique* dans le pain de l'eucharistie, et des *voyageurs* dans les chrétiens qui s'empressent vers l'éternité.

---

[1] *Viator*, voyageur; *viatrix* en est le féminin.

CHAPITRE SEIZIÈME.

Les Inscriptions des Catacombes.
III. Les graffites.

Les Graffites! Que cela semble peu de chose! Ou plutôt que ces écritures bizarres, incorrectes, disparates, emmêlées, inextricables, de cent mains diverses, de tous les peuples, de tous les siècles, qui couvrent les murailles souterraines à l'approche des sanctuaires les plus vénérés, qui gâtent les ornements et les peintures des cryptes les plus célèbres, qui offensent la sainteté même des tombeaux: que tout ce fouillis de caractères indéchiffrables, dis-je, semble regrettable et répréhensible!

Et pourtant l'archéologue ne les anathématise point, ni ne les dédaigne; il les recueille au contraire avec soin, il les photographie; il en emporte l'image fidèle dans son cabinet, pour les étudier à la lumière, à la loupe, avec patience, avec amour, et en dégage enfin avec honheur l'or pur qu'il y savait caché.

C'est que dans nos vieux monuments, un nom, une date, un signe, un caractère, un fragment, tout parle à qui sait entendre et comprendre. C'est que dans les graffites des Catacombes le savant retrouve le même langage, les mêmes sentiments chrétiens que dans les épitaphes des tombeaux. Et le chrétien de nos jours, éclairé par la science de l'archéologue, reconnaît avec bonheur chez ses pères dans la foi, qu'ils soient contemporains des Catacombes ou des siècles qui ont suivi, les mêmes croyances, les mêmes espérances, le même culte qu'il retrouve partout dans l'Église autour de lui. Un court et rapide examen suffira pour nous en convaincre.

Distinguons trois sortes de graffites. Les uns ne sont que des noms propres, une sorte de signature des visiteurs, des pèlerins pieux. Les autres sont des prières, des acclamations, des cris qui s'échappent du cœur pour s'élever jusqu'à Dieu par ses Saints. Les derniers enfin, acclamations ou prières, car la piété et la foi se retrouvent toujours et partout dans les Catacombes sont comme des signes révélateurs, des indices historiques pour les explorateurs de nos mystérieux souterrains.

I.

Pour ce qui est de noms propres, rien ne semble plus insignifiant et plus indifférent. Il y en a une multitude, soit en grec, soit en latin, qu'aucun indice n'accompagne: Ῥουφῖνα, Πολύνεικος, Φῆλιξ, Λέο, *Maximi*, *Primiti*, *Sabatia*, *Berina*, tous noms parfaitement obscurs et inconnus.

Cependant l'archéologue y lit le siècle auquel ils appartiennent, et reconnaît par là que déjà, dès la fin du troisième siècle et certainement durant tout le quatrième, on venait par piété vénérer les saints martyrs et invoquer leurs suffrages. Le chrétien, de son côté, retrouve en ces noms apposés près des tombeaux vénérés le témoignage du désir pieux des anciens fidèles de reposer au moins de nom auprès des Saints, quand ils ne pouvaient obtenir cet honneur pour leurs corps. On sait, en effet, combien de personnages sollicitaient une sépulture dans la crypte sacrée des plus glorieux martyrs.

Aux siècles moins reculés, les noms inscrits à la porte des tombeaux célèbres sont d'origine barbare et parfois accompagnés d'un mot expressif. Ainsi: *Bonizo, Ildebrand, Lupo, Joannes presb., Felix presbyter peccator, Prando pr. indignus peccator*. Ces noms annoncent le huitième ou le neuvième siècle; mais le témoignage qu'ils rendent de la foi et de la piété de leurs auteurs est le même toujours, s'il n'est plus explicite encore. Admirons en effet cet humble et sublime sentiment qui amène le chrétien, le prêtre lui-même, à ces tombeaux, solliciter le secours des martyrs dans la lutte contre le péché. Non, le sentiment n'a pas varié de ce qu'il fut autrefois, assurément; mais que l'expression s'en est admirablement développée dans ce mot éloquent: *peccator! pauvre pécheur!*

II.

Les mêmes réflexions se représentent à notre esprit, à la lecture des graffites de la seconde espèce; il nous suffira d'en citer quelques-uns brièvement, pour qu'on le comprenne. Ils sont aussi d'époques différentes, et portent en eux-mêmes les signes caractéristiques de leur siècle.

En voici de très simples et d'un cachet marqué d'antiquité: VICTORINE BIVAS; PONTI VIVAS IN DEO CRISTO; ΕΛΙΑ ΒΙΒΑS IN ΔΕΩ [1]; ΓΕΛΑΟΙ ΖΗC ΕΝ ΘΕѠ; AMATE IN PACE.

" Vis, ô Victorin; Pontius, vis en Dieu le
„ Christ; Elie, vis en Dieu; Gélase, vis en Dieu;
„ Amat, sois en paix. „

Nous retrouvons ici les mêmes caractères, les mêmes idées, les mêmes sentiments, que déjà nous avons remarqués dans les inscriptions sépulcrales du quatrième siècle.

En voici d'autres plus longues, qui sont des invocationes très explicites adressées aux saints martyrs de la crypte des Papes, car il sont gravés sur la paroi de gauche de la porte de cette crypte: SANTE SVSTE IN MENTE HABEAS IN HORATIONES AVRELIV REPENTINV.

" Saint Sixte, souvenez-vous dans vos prières
„ d'*Aurelius Repentinus.* „

MARCIANVM SVCCESSVM SEVERVM SPIRITA SANCTA [2] IN MENTE HAVETE ET OMNES FRATRES NOSTROS.

---

[1] C'est, écrite en caractères grecs, la formule latine: *Elia, vivas in Deo.*

[2] *Spirita sancta* est le pluriel neutre de *Spiritum Sanctum*, idiotisme vulgaire, pour exprimer l'âme sainte dans la gloire du ciel.

" Saintes âmes, souvenez-vous de *Marcianus*
„ *Successus Severus*, et de tous nos frères. „

On remarquera la formule de cette prière, qui réunit tous les Saints dans une même invocation, et tous les frères dans la demande d'un même suffrage.

Nous citerons encore cette dernière formule d'invocation, qui a le mérite à nos yeux de renfermer une demande de faveur temporelle:

Petite spirita [1] SANCTA VT VERECVN-DVS CVM SVIS BENE NAVIGET.

" Saintes âmes, demandez pour *Verecundus* et
„ les siens une heureuse navigation. „

Toutes ces acclamations, toutes ces invocations, toutes ces prières, comme tous ces noms obscurs, signés près des tombeaux des martyrs, sont donc unanimement le temoignage indubitable qu'une même pensée a toujours amené les fidèles è s'agenouiller devant les restes sacrés des Saints, c'est à dire l'assurance de trouver en ces cohéritiers du Christ l'appui, le secours nécessaire dans la lutte perpétuelle de l'humanité contre le mal, contre le péché qui la fait souffrir.

III.

Mais parmi ces cris du cœur poussés par les pieux visiteurs des Catacombes, nous devons en distinguer quelques-uns qui furent spécialement des signes révélateurs aux yeux de l'archéologue.

---

[1] Les lettres en italiques ne se lisent plus dans le graffite.

Ainsi, quand M. de Rossi, en 1854, recherchant la célèbre crypte des Papes du troisième siècle, se trouva tout à coup en présence de cette acclamation, où l'enthousiasme de quelque antique pèlerin éclate comme un chant de triomphe:

GERVSALE CIVITAS ET ORNAMENTVM MARTYRVM DNI.
Jérusalem, cité glorieuse des martyrs du Seigneur!

déjà il n'a plus de doute, il est à l'entrée du sanctuaire le plus vénéré du cimetière de Calixte. D'autres graffites nombreux lui avaient bien annoncé l'approche de quelque crypte fréquentée par la foule des fidèles, mais la *Jérusalem des Martyrs!* quelle peut-elle être, si ce n'est la Cité glorieuse où reposent les Papes, les Princes de la Jérusalem nouvelle?

Ils y avaient reposé, en effet. Car, sur la même muraille, se lisait clairement, au milieu d'une foule d'autres graffites, jusqu'à quatre fois, le nom si vénéré, si populaire, de Saint Sixte [1], le héros, en quelque sorte, avec Sainte Cécile, du cimetière de Saint-Calixte. Donc le sanctuaire le plus célèbre de cette Catacombe était vraiment retrouvé.

Qui n'admirerait comment parfois la lumière jaillit d'un simple mot jeté comme au hasard par une main inconsciente de l'avenir! Et comme, à quinze siècles de distance, nous sommes heureux,

---

[1] SANTE SVSTE; SANCTE SVSTE; SVSTE SAN; SANCTE XYSTE.

nous, de retrouver ce mot, perdu si longtemps dans les plus profondes ténèbres, puis devenu un témoignage irrécusable que nous ne nous sommes point trompés.

Voici une autre main, non moins inconsciente que la première, qui va nous révéler la route que suivaient jadis les pèlerins dans leur visite aux galeries souterraines de Saint-Calixte, cette partie que le Pape Damase, au prix de si grands travaux, avait pu restituer à la piété des fidèles.

Un pieux pèlerin était venu là, comme tant d'autres, pour y trouver la consolation dans sa peine. Son cœur est plein du souvenir aimé d'une certaine Sophronie, sa femme, ou sa mère, ou sa sœur, il ne le dit point. Dès l'entrée du vestibule, à la gauche de l'arc par où l'on pénètre dans la galerie qui conduit à la crypte des Papes, il grave en écriture cursive ces mots :

Sophronia vibas ..... CVN T*uis* [?]
Sophronie, puisse-tu vivre ..... avec les tiens !

Un peu plus loin, mais dans une autre galerie que celle des Papes, la galerie R [1], au-dessus d'une porte du *cubiculum* 1 qui mène sous l'escalier, il exprime de nouveau la même pensée et trace ces mots :

SOFRON*ia* ..... IN DOMIN*o*.
Sophronie (puisse-tu vivre) dans le Seigneur !

[1] Voir le plan I du cimetière de Saint-Calixte.

Enfin à la limite des galeries alors ouvertes aux pèlerins, dans la chambre 8 de l'ambulacre *a* [1] de l'*area* de Melchiade, au-dessus d'un *arcosolium*, sépulture sans doute de quelque illustre martyr, il trace en caractères plus larges, plus grands, plus réguliers, en lettres monumentales, cette tendre affirmation, sur laquelle son cœur et sa main semblent se reposer :

SOFRONIA DVLCIS SEMPER V*i*VES DEO.

Ma douce Sophronie, tu vivras toujours en Dieu!

Et immediatement au-dessous, comme s'il ne pouvait se détacher de cette pensée, il répète :

SOFRO*nia* VIBES.

Oui, Sophronie, tu vivras!

Touchante histoire d'une âme affligée, qui est venue chercher auprès des martyrs la consolation et la douce espérance dont son cœur avait besoin pour être soulagé !

Que d'âmes chrétiennes de nos jours, venant refaire le même pèlerinage, croiront lire sur ces murs, à quinze cents ans de distance, l'histoire de leur propre cœur, l'expression de leurs propres sentiments ! Tant il est vrai que ni dans sa foi, ni dans sa piété, le Chrétien n'a pas changé !

[1] Voir le plan précité.

CHAPITRE DIX-SEPTIÈME.

Les peintures des Catacombes.

A l'encontre de la Synagogue, si sévère pour les représentations qui lui semblaient idolâtriques, l'Église admet dès le début, dans le feu même de sa lutte avec l'idolâtrie, les décorations symboliques dans ses Catacombes et ses sanctuaires. Il n'était pas à craindre pour la race des martyrs, qu'ils tournassent les créatures de Dieu et leurs images en abominations et en embûches pour leurs âmes. D'ailleurs celui qui s'est rendu visible, afin de nous entraîner par lui à l'amour des choses invisibles [1], n'avait point défendu à son Église de faire apparaître aux yeux des fidèles, par la peinture, les choses spirituelles, pour mieux les toucher et les instruire.

Aussi les premiers Chrétiens, dans un sentiment de piété envers leurs morts, non moins que dans un élan d'admiration pour leurs frères martyrs, s'empressèrent à orner les sépulcres des plus intéressants emblêmes de foi et d'espérance.

D'aucuns s'étonneront peut-être de voir les plus anciens hypogées mieux décorés de stucs et de fresques, d'images allégoriques, bibliques et sacrées, que les cryptes de date plus récente. Ils s'étaient

[1] Préface de la Nativité de Notre Seigneur.

fait l'opinion qu'à l'origine tout, dans les cimetières chrétiens, devait respirer l'obscurité et la pauvreté, et que la magnificence des ornements dans les usages de l'Église n'était qu'une œuvre progressive d'âges moins reculés et de siècles plus tranquilles. Or toutes les découvertes récentes témoignent au contraire, qu'aux temps apostoliques et au second siècle, l'art chrétien a produit dans les Catacombes des œuvres relativement plus nombreuses et plus belles que dans le troisième et le quatrième siècle. Il ne faut point s'en étonner du reste. Les Chrétiens, dès les premiers temps, comptaient dans leurs rangs des personnages puissants et riches, des membres de la famille impériale, comme les Domitille et les *Flavius Clemens*, qui savaient employer leurs biens au service de la foi.

Nous savons d'autre part, que la richesse publique allait en décroissant dans l'empire, et que l'art payen, aussi bien que l'art sacré, tomba dans une décadence rapide. Aussi les faits démontrent-ils cent fois l'inanité des hypothèses faites à plaisir sur l'introduction lente et successive des images en s'éloignant des temps apostoliques. Chacun peut voir, au contraire, de ses propres yeux, que dans toutes les Catacombes la peinture des images est contemporaine de la primitive Église.

Ce ne fut pas le culte des tombeaux qui créa seul l'art chrétien dans les Catacombes. Car nous le voyons surtout se produire, grandir et se développer, dans les cryptes où les saints mystères étaient plus particulièrement célébrés. On voulait évidemment que ces saintes basiliques souterraines fussent dignes de la majesté de l'Auguste Victime ; et, dans le choix des ornements, on aimait à retrouver sous ses yeux tout ce que la foi pouvait rappeler de touchants et de consolants mystères. C'était la fortifiante Eucharistie avant tout; c'étaient les sacrements régénérateurs des âmes; c'était l'espérance d'une meilleure vie; c'étaient le Christ pasteur, les Apôtres pêcheurs d'âmes, la Vierge et les Saints en prière pour les fidèles. Toutes ces éloquentes images étaient comme une prédication non interrompue du dogme chrétien et le perpétuel aliment d'une tendre piété.

C'est pourquoi toutes ces scènes, à quinze ou dix-huit siècles [1] dans le passé, nous émeuvent encore nous-mêmes et nous pénètrent de respect.

Pour les étudier avec plus de fruit, nous les classerons, avec M. de Rossi, en six groupes différents.

1°. Les Symboles idéographiques ;

2°. Les Allégories ou Paraboles ;

3°. Les Histoires bibliques ;

4°. Les traits historiques de la vie des Saints, ou des annales de l'Église ;

5°. Les Scènes liturgiques ;

6°. Les Images hiératiques du Christ, de la Vierge et des Saints.

---

[1] Il en est qui datent des temps les plus voisins des Apôtres.

CHAPITRE DIX-HUITIÈME.

Les Peintures des Catacombes.
I. Symboles Idéographiques.

Le symbolisme a pour but d'exprimer, par des objets sensibles, des idées élevées, dont ces objets ne sont qu'une grossière image. Ainsi l'ancre est le symbole de l'espérance.

Dès les premiers temps, les peintres des Catacombes, guidés sans doute par les chefs de l'Église, créèrent les types et les symboles particuliers, les mieux appropriés à l'expression des idées chrétiennes. Par là ils étaient compris des fidèles initiés à la connaissance de leurs signes, et n'éveillaient point la curiosité malveillante de leurs ennemis. C'est pourquoi le symbolisme est le trait qui domine dans les plus anciennes productions de l'art chrétien aux Catacombes.

I.

L'*ancre*, déjà signalée comme symbole de l'*espérance*, est l'un des types les plus connus. Il était naturellement indiqué par la parole de l'apôtre Saint Paul: " L'espérance que nous avons des biens qui nous sont promis est pour nous comme une *ancre* sûre et inébranlable [1]. „

---

[1] Ép. aux Hébr. VI, 18 et 19.

L'ancre fut aussi le symbole de la *croix*. Pour lui donner cette signification, sans attirer l'attention des payens, l'artiste dessinait une simple barre transversale sur la tige principale. Nous verrons encore par d'autres signes combien les premiers Chrétiens aimaient à retrouver sous leurs yeux le signe de la croix; mais combien aussi ils étaient jaloux de ne point l'exposer aux insultes grossières des idolâtres. Ils n'ignoraient pas que ce signe sacré était connu des payens, et par eux tourné en ridicule. La caricature fameuse du crucifix, tracée à la pointe dans une chambre du Palatin, et découverte en 1856, en est une preuve saisissante. Elle représente un personnage à tête d'âne [1], attaché à une croix. A gauche, un homme debout fait le geste de l'adoration, à la manière antique, c'est-à-dire en portant la main à la bouche. Au-dessus, se lit en lettres grecques, grossièrement tracées, cette inscription: ΑΛΕΞΑΜΕΝΟC CΕΒΕΤΕ [2] ΘΕΟΝ; *Alexamène adore son Dieu.* Amère et cruelle dérision pour les fidèles!

La *colombe*, et en général les petits oiseaux, sont le symbole de l'*âme* fidèle, mais de l'âme au séjour du bonheur. Au contraire, l'*agneau*, ou la *brebis*, sont le symbole du chrétien encore sur la terre, mais membre du troupeau dont le Christ est le pasteur.

---

[1] On accusait les Chrétiens d'adorer une tête d'âne.
[2] Σέβετε est pour σέβεται, parce que αι se prononçait comme ε.

Il est un autre symbole qui se retrouve partout dans les Catacombes, symbole étrange en apparence, mais le plus connu et le plus clair pour les fidèles : c'est le *poisson*. Il représente le Christ. C'est la traduction du mot grec ΙΧΘΥΣ.

Or ce mot est lui-même l'anagramme de ces autres mots grecs, qui expriment les titres sacrés de Notre Seigneur Jésus.

Ἰησοῦς Χριστός Θεοῦ Υἱὸς Σωτήρ.
Jésus-Christ, Fils de Dieu, Sauveur.

Les premiers Chrétiens trouvaient donc sans peine, dans la figure du poisson, comme dans le mot ἰχθύς lui-même, le nom sacré du Sauveur, sans que l'imagination des infidèles pût rien y soupçonner.

II.

Ces symboles, et une série assez nombreuse de signes de ce genre, que l'on dirait presque empruntés au système hiéroglyphique, forment, en se groupant ensemble, une sorte d'écriture mystérieuse, connue des seuls initiés. Ainsi l'*ancre* jointe au *poisson*, signifie l'espérance dans le Fils de Dieu : *Spes in Christo*, comme on lit sur les sépulcres. De même, la *colombe* qui s'envole avec un rameau d'olivier désigne l'âme du chrétien, mort en paix, *in pace*, qui monte au séjour des élus. Ainsi encore, le *poisson*, portant le *pain* sur son dos, cache le grand secret du Christ se donnant lui-même dans la sainte Eucharistie ; et le *poisson*, nageant à côté d'un *navire*, ou portant le navire, c'est l'image du Christ soutenant lui-même son Église, *la barque de Pierre*.

Le sens de ce genre de compositions, assez transparent en lui-même, est d'ailleurs déterminé, de la manière la plus rigoureuse, par l'ensemble des monuments, par les inscriptions des tombeaux, et par les écrits des Pères des premiers siècles. Rappelons ici, parmi toutes les autres, la célèbre inscription du cimetière d'Autun [1] qui vraisemblablement est du troisième siècle:

"O race divine de l'*Ichtus* céleste, reçois avec un cœur plein de respect la vie immortelle parmi les mortels. Rajeunis ton âme, ô mon ami, dans les eaux divines, par les flots éternels de la sagesse qui donne la richesse véritable. Reçois l'aliment délicieux du Sauveur des Saints; mange, bois, tenant *Ichtus* en tes deux mains."

Quelle clarté jetée sur le mystère de la divine Eucharistie, par une parole toute mystérieuse qu'elle soit, qui nous vient des premiers siècles! L'allusion à la communion des fidèles est d'autant plus intelligible, que l'on sait que les premiers Chrétiens recevaient le pain sacré sur leurs deux mains ouvertes devant soi et couvertes d'un linge [2].

---

[1] Elle fut découverte en 1839, au cimetière de S. Pierre d'Estrier, près d'Autun. Le cardinal Pitra, alors professeur au Petit-Séminaire de cette ville, la publia, à cette époque, pour la première fois.

[2] L'usage du linge a été conservé pour la communion, quoique le mode de la réception de la Sainte Eucharistie soit changé.

III.

Un mot encore avant de terminer ce chapitre. Nous ne saurions oublier, dans l'énumération des symboles les plus importants des premiers siècles, celui qu'on est convenu de nommer le *monogramme* du Christ. Il est composé des premières lettres du mot ΧΡΙΣΤΟΣ, liées ensemble de cette façon ☧. On a varié la forme de ce signe en plusieurs manières ; celle que nous donnons est la principale, c'est la forme du célèbre *labarum* de Constantin.

Le monogramme constantinien, quoique en usage avant le triomphe de cet empereur, se trouve cependant rarement dans les Catacombes, avant l'ère de la paix. Mais à mesure que le triomphe de l'Église s'affermit, le signe victorieux se multiplie sous toutes ses diverses formes. On le trouve alors souvent accompagné des lettres A et Ω, de cette façon :

Chacun sait que ces lettres sont aussi un symbole du Christ, d'après la parole que Saint Jean met en sa bouche, au commencement de l'Apocalypse : *Je suis l'alpha et l'omega, le principe et la fin* [1].

On pourrait s'étonner peut-être de retrouver si rarement le signe de la croix dans les Catacombes,

---

[1] Apoc. I, 8.

avant le quatrième siècle. Les Chrétiens faisaient un usage continuel du signe du salut, soit pour les rites sacrés, soit dans les usages ordinaires de la vie, mais ils redoutaient de le voir exposé aux outrages des payens. Ceux-ci, plus d'une fois, l'opposèrent aux Chrétiens comme un objet d'opprobre et de dérision, nous l'avons vu; aussi les pieux serviteurs de Jésus n'avaient rien tant à cœur que de le soustraire à leurs regards. C'est pourquoi, s'ils aimaient à le trouver souvent sous leurs yeux dans la forme de l'ancre, dans la figure du vol des oiseaux, dans leurs propres bras étendus pour la prière, dans toutes les images en un mot qui ne pouvaient être comprises de leurs ennemis; ils n'avaient garde de le représenter ostensiblement sous une forme qui eût suscité leurs mépris.

CHAPITRE DIX-NEUVIÈME.

Les Peintures des Catacombes.
II. Allégories ou Paraboles.

La seconde classe de peintures, dans les Catacombes, celle des *Allégories*, a été inspirée aux premiers artistes chrétiens, par les Paraboles si touchantes de l'Évangile. C'est toujours le symbolisme, mais il est plus étendu, plus développé; ce sont des scènes entières qui sont représentées. Aussi l'art s'épanouit lui-même et s'élève.

I.

Par ce genre de composition l'artiste a voulu, ce semble, remettre en scène le divin maître lui-même, et faire revivre ses leçons au milieu de ses nouveaux disciples. S'il peint la *vigne* sur les murs et sur les voûtes des Catacombes, s'il lui fait étendre de tous côtés ses rameaux nombreux et féconds, c'est pour rappeler la parole du Christ: " *Je suis la vigne, et vous êtes les rameaux* [1]. „

Aussi les fidèles aimaient-ils à contempler, dans leurs Catacombes, l'épanouissement merveilleux de cette vigne divine, qui est l'Église, et que les ineptes maîtres du monde prétendaient faire périr

[1] S. Jean XV, 5.

en coupant violemment ses rameaux, tandis qu'ils la faisaient pousser avec une vigueur nouvelle pour porter de plus nombreux et de plus doux fruits.

Aussi la retrouve-t-on fréquemment en divers sanctuaires de la Rome souterraine.

On y retrouve aussi l'image du *laboureur* qui cultive sa vigne, qui fait la moisson ou la vendange. Le Maître avait dit encore : " *Je suis la vigne véritable et mon Père est le laboureur* [1]. „ Puis il avait pris de là occasion de faire entendre à ses disciples la nécessité de demeurer fermement attachés à lui, pour être recueillis par le Père céleste. C'est pourquoi les fidèles mettaient sur les tombeaux de leurs martyrs l'image de cette moisson et de cette vendange, où ne seraient recueillis que les fruits restés sur la tige. Et ce n'était certes point sans utilité en un temps, où de si violentes tempêtes menaçaient perpétuellement de les en détacher.

L'image du pêcheur qui prend des poissons à l'hameçon, ou dans ses filets, appartient aussi à la même famille de peintures. C'est la figure de l'apostolat ; car Jésus-Christ avait dit à ses Apôtres : *Suivez-moi, et je vous ferai devenir pêcheurs d'hommes* [2]. Et les fidèles aimaient ce symbole, qui leur rappelait leur propre vocation, des eaux bourbeuses du paganisme à la pleine lumière de la foi.

---

[1] S. Jean XV, 1.
[2] S. Mathieu IV ; 19.

II.

Mais l'Allégorie la plus chère au cœur des fidèles et la plus fréquemment représentée, c'est la Parabole du bon *Pasteur*. Vous la retrouvez partout, dans toutes les parties de la Rome souterraine. Tantôt elle est peinte avec art au plafond et sur les murailles des chambres sépulcrales, tantôt grossièrement dessinée sur les pierres qui ferment les plus humbles *loculi*. Tantôt vous la voyez sculptée sur les flancs des sarcophages, tantôt tracée en or au fond des coupes de verre; et vous la retrouvez encore moulée sur l'argile des lampes funéraires, gravée sur les anneaux, ciselée sur les médailles, représentée en un mot sur toute espèce de monuments et d'objets appartenant aux premiers âges chrétiens.

Aussi ce sujet fécond est-il reproduit en mille manières diverses. Ici, le bon Pasteur se tient au milieu de son troupeau, et veille sur lui; là, au contraire, il laisse le troupeau fidèle en sûreté dans la bergerie, pour courir après la brebis égarée, qu'il rapporte amoureusement sur ses épaules.

Chose étrange, parfois ce n'est pas une brebis qu'il porte sur ses épaules, c'est une chèvre, c'est un bouc! Et pourtant il leur prodigue les mêmes soins, la même tendresse. Ah! c'est que ces animaux représentent le pécheur tombé plus bas dans le péché que la pauvre brebis égarée; et le divin Sauveur est venu pour ramener tous les pécheurs au bercail, fût-ce Judas, si Judas se fût laissé toucher. L'Église Romaine comprenait cette bonté du divin Maître, et par ses artistes elle protestait contre la dureté des Novatiens envers les malheureux *lapsi*[1].

On voit avec quelle hardiesse les artistes chrétiens savaient innover, et tirer de la parabole évangélique tout l'enseignement qui en découle. En voici une autre preuve non moins frappante.

Le Pasteur est placé entre ses Apôtres Pierre et Paul, devant lesquels sont groupées les brebis. D'un rocher jaillissent des eaux abondantes; les Apôtres les recueillent et les distribuent en rosée sur le troupeau. Parmi les brebis, les unes reçoivent avec bonheur la rosée bienfaisante; d'autres semblent indifférentes et inattentives; quelques-unes baissent la tête et continuent a brouter l'herbe des champs, incapables de se détacher des choses de la terre. Toute cette scène est saisissante et fait comprendre admirablement la pensée de l'artiste, qui n'est pas de retracer par le pinceau les traits évangéliques, mais de faire ressortir les enseignements du Sauveur et de les développer.

D'autres fois le bon Pasteur est représenté dans un jardin, entouré d'arbres et de verdure. C'est l'emblême du Paradis, qui avait apparu à sainte

---

[1] *Lapsi* veut dire *tombés*. La secte hérétique des Novatiens ne voulait pas que l'on reçût à la pénitence les Chrétiens qui avaient apostasié en face du martyre, et qui demandaient ensuite à rentrer dans la société des fidèles.

Perpétue, dans une vision, sous l'image d'un jardin délicieux, avec le Pasteur debout au milieu, semblant attendre ses brebis dans ce séjour fortuné. Riante image, dont la vue rafraîchissait l'âme des pauvres Chrétiens, chaque jour menacés des ardeurs dévorantes du martyre.

Malgré que cette manière de traiter les sujets allégoriques de l'Évangile fût toute idéaliste et spiritualiste, les artistes néanmoins n'oubliaient point les principes classiques suivant lesquels ils avaient été formés, et on les voit entourer le divin Pasteur des attributs traditionnels des bergers: la houlette, la flûte de roseau, le vase de lait, détails caractéristiques, qui donnent à ces compositions une grande saveur d'antiquité.

CHAPITRE VINGTIÈME.

Les Peintures des Catacombes.
III. Sujets bibliques.

La classe des histoires bibliques est beaucoup plus riche et plus variée que celle des paraboles. Cependant, les sujets choisis dans le vaste champ des Écritures sont restreints et en petit nombre. C'est que, dans la pensée de l'Église, qui les impose à l'artiste, ils doivent être encore des symboles, plus complets et plus concrets que les signes purement idéologiques, mais tendant au même but et cherchant le même résultat : l'expression par la peinture des choses saintes du Christianisme.

Aussi les histoires bibliques qui ont fourni ces compositions cent fois répétées, toujours d'après un même type, forment un cycle presque invariable de sujets, tirés tour à tour de l'Ancien et du Nouveau Testament. Il y a là tout un système symbolique, qui nous est révélé, non-seulement par le choix et l'arrangement des sujets, mais par la manière même de les représenter, et par quelques monuments, où les images sont accompagnées d'inscriptions qui en expliquent l'idée.

Ainsi Noé, dans l'arche, recevant la colombe qui lui apporte la branche d'olivier, est souvent remplacé par un enfant, quelquefois même par une femme. Une de ces femmes est nommée, elle s'appelle *Juliana*. Ce n'est donc pas le Noé historique que l'on a voulu représenter, mais plutôt le chrétien sauvé dans l'arche, c'est-à-dire dans l'Église, par les eaux du baptême, et recevant du Saint-Esprit le don de la paix divine.

Si vous trouvez cette même image, dessinée sur la pierre d'un tombeau, c'est encore la même doctrine; mais elle s'applique alors à l'âme du chrétien, mort dans la paix, *in pace*, et toujours sauvé par l'Église, l'arche de la nouvelle alliance, dont la première n'était que la figure.

La peinture de Noé dans l'arche est parfois rapprochée de l'histoire de Jonas. C'est le symbole de la résurrection uni à celui du salut. Il semble que Jésus-Christ même ait indiqué cette pensée aux fidèles, en prenant Jonas pour symbole de sa propre résurrection [1].

Dans ce sujet encore, les artistes ne sont pas toujours fidèles à l'histoire. Car le monstre, qui engloutit, ou vomit le prophète, n'est point le poissons de l'Écriture, mais un de ces monstres fabuleux que les Romains aimaient à représenter, par une fantaisie décorative, dans les appartements de leurs maisons, ou sur les murs de leurs chambres funéraires [2]. Peut-être aussi les pieux fidèles ne voulaient-ils point que l'on pût confondre le monstre envoyé par Dieu courroucé contre son prophète,

---

[1] S. Math. XII, 39, 40, 41; XVI, 4. S. Luc. XI, 29, 30.
[2] Nous en avons vus de pareils dans les maisons de Pompéi, et dans les colombaires payens.

avec le divin *Ichtus* qui leur représentait Jésus-Christ.

L'histoire de Daniel dans la fosse aux lions, celle des trois jeunes Hébreux dans la fournaise, étaient encore des sujets souvent choisis. C'étaient d'illustres exemples, selon Saint Cyprien et d'autres Pères, propres à encourager les martyrs du Christ.

Selon Saint Augustin, ces images annonçaient aussi à l'Église qu'un jour elle sortirait triomphante et glorieuse de ses épreuves. D'autres Pères y voient encore, comme dans l'image de Jonas, comme dans celle de Lazare sortant du tombeau à la voix du Sauveur, le symbole de la résurrection, bien propre à encourager ceux qui, tous les jours, se voyaient exposés, eux aussi, à être jetés sous la dent des lions, ou dans les flammes de nouvelles fournaises, mais avec la ferme espérance d'être ressuscités par la divine puissance de Jésus-Christ.

Les peintures de ces divers sujets se voient mises en parallèle, et se font pendants sur les murailles opposées d'une même chambre des Catacombes.

Nous devons signaler encore, comme sujet emprunté à l'ancien Testament, Moïse frappant le rocher du désert, et faisant jaillir les eaux abondantes, où se désaltère son peuple. Ne faut-il point y reconnaître le symbole de Pierre, le chef de l'Église, le Moïse nouveau, qui fait jaillir l'eau spirituelle et vivifiante de la foi en Jésus-Christ? Car la pierre, dit Saint Paul, c'est le Christ lui-même : *Petra autem erat Christus*[1]. Ce qui semblerait une simple conjecture, est au contraire un fait positif, car sur plusieurs vases de verre, retrouvés aux Catacombes, et ailleurs, le personnage qui frappe est nommé, et il ne s'appelle pas de son nom historique, *Moyses*, mais d'un nom symbolique, *Petrus*.

Parmi les sujets tirés du Nouveau Testament, le plus aimé et le plus célèbre, c'est la multiplication des pains et des poissons. Mais dans ce sujet encore, comme dans tous ceux dont nous avons déjà parlé, au lieu de représenter le prodige avec la simplicité évangélique, les peintres et les sculpteurs ont souvent mêlé à la scène historique d'autres souvenirs, d'autres traits accessoires sans rapport avec le fait principal.

Ainsi les sept disciples auxquels le Sauveur, après sa résurrection, a donné à manger le pain et le poisson[2], sont groupés avec les corbeilles des pains multipliés. Ailleurs, ces mêmes corbeilles entourent un trépied isolé, que domine un grand poisson, posé sur des pains. Une fois enfin, le Sauveur multiplie les pains et les poissons devant un autel.

Il est donc impossible de méconnaître que le groupe hiéroglyphique du pain et du poisson désigne l'Eucharistie. C'est pourquoi, en représentant les faits évangéliques, où figuraient les pains

---

[1] I Cor. X, 4.
[2] S. Jean, XXI, 2.

et les poissons, on les a mêlés ensemble; on y a ajouté des accessoires qui répugnent à l'histoire, mais qui s'accordent à merveille avec le sens symbolique, que l'on avait en vue.

Les fresques, découvertes il y a quelque temps dans une catacombe d'Alexandrie, en Égypte, mettent le dernier sceau à cette interprétation nullement hasardée. Une inscription en lettres grecques, sur une peinture représentant la multiplication miraculeuse, appelle les pains multipliés les *Eulogies du Christ*. C'est le nom que l'Église d'Alexandrie donnait à la sainte Eucharistie.

Tous ces sujets bibliques, dont nous venons de parler, font assez comprendre le système et le but symbolique des scènes d'histoire, retracées sur les monuments primitifs. Il est évident qu'entre la classe des signes idéographiques, celle des allégories ou paraboles, et celle des histoires bibliques, il y a un lien étroit, une connexité indissoluble. En effet, leurs dates sont contemporaines; le progrès de nos découvertes en démontre chaque jour plus clairement la haute antiquité, et les fait remonter à peu près aux temps apostoliques.

CHAPITRE VINGT-UNIÈME

Les Peintures des Catacombes.
IV. Traits historiques de la vie des Saints ou des annales de l'Église.

Il semble que les Catacombes, par les peintures et par les sculptures, auraient dû nous transmettre quelques traits de la vie et de la mort des saints martyrs, quelques faits des glorieuses annales de la primitive Église. Certes les exemples sublimes, les événements mémorables ne faisaient point défaut ; mais, pendant les trois premiers siècles, les Chrétiens ne durent point attirer l'attention sur eux. Tout l'art religieux consistait dans l'interprétation mystique des enseignements du divin Maître, sous le voile des symboles. Mais des scènes tirées de la vie des Saints et de l'histoire pure de l'Église, qui ne pouvaient se prêter au symbolisme dogmatique comme les récits consacrés par les saintes Écritures, on n'en connaît point de monuments authentiques et incontestés.

Le triomphe de la foi, sous Constantin, en affranchissant l'Église d'une longue oppression, devait, ce semble, délivrer l'art aussi de ses entraves. Il n'ose cependant marcher d'abord qu'à pas timides.

Le monogramme du Christ apparaît pour rappeler la victoire du grand empereur, on semble toutefois hésiter encore ; le paganisme est vaincu, mais non désarmé, on redoute toujours ses railleries et ses outrages. Si l'on veut par ce signe rappeler la victoire de Constantin, c'est en le substituant mystérieusement à l'étoile qui guide les Mages aux pieds du Rédempteur. S'il apparaît ensuite, entouré de la couronne triomphale, comme le *labarum* de l'armée Constantinienne, c'est au milieu des souvenirs de la résurrection du Sauveur et des soldats qui gardent son tombeau.

On ose aussi représenter des basiliques, des baptistères, dont la coupole est surmontée du monogramme victorieux, pour manifester la liberté et la publicité du culte chrétien ; mais ces perspectives, par un anachronisme intentionnel, servent de fond aux scènes historiques de l'Évangile.

L'art a peine à briser ses langes.

Il y a plus, une caricature, tracée sur une paroi des Catacombes, par un fossoyeur oisif et malhabile, représente le renversement des idoles par les Chrétiens au jour de leur triomphe. Mais, comme si l'on eût trop osé, la même main ajoute, près de la statue de Jupiter, déjà ébranlée, l'image des trois Hébreux, condamnés à la fournaise, pour avoir refusé d'adorer l'idole de Nabuchodonosor.

Cependant, malgré ces exemples décisifs de la persistance du système symbolique biblique, jusqu'aux jours de la paix et du triomphe, nous savons que la révolution radicale, opérée par la conversion de Constantin, donna l'idée de commencer à peindre, ou à sculpter des supplices de martyrs, et quelques autres traits de l'histoire ecclésiastique. Mais cela n'eut lieu que vers la fin du quatrième siècle, ou au commencement du cinquième.

Il y a pourtant une exception. Une fresque de la seconde moitié du troisième siècle, peinte sur la voûte d'un *arcosolium*, au cimetière de Saint-Calixte, représente le jugement d'un ou deux martyrs.

Le juge, probablement l'empereur, la tête ceinte d'une couronne de laurier, est debout sur le tribunal. D'un regard sévère et d'un geste impérieux, il menace un jeune homme qui se tient debout en sa présence. Le jeune chrétien a la main droite levée, la gauche appuyée sur sa poitrine, et paraît répondre à son juge. Sa figure calme et douce respire la confiance et la fermeté. Son regard ardent fixe sans crainte l'œil courroucé qui le menace. Sa bouche est entr'ouverte, il semble qu'on entende s'échapper quelqu'une de ces paroles de feu, qui faisaient dire aux payens que *le chant du cygne des Chrétiens est terrible*[1].

Plus près du tribunal se tient un autre personnage, dont la figure assez endommagée ne permet point de définir le rôle. Est-ce un Chrétien, est-ce un accusateur, est-ce un assesseur du juge? Nul indice ne le révèle.

Plus loin, on voit un quatrième personnage, couronné de laurier comme le juge, et qui doit être le sacrificateur payen, appelé sans doute pour

---

[1] *Audi Christianos scævos olores*. C'est un graffite trouvé dans les ruines de Pompéi.

guider la main du jeune homme dans l'acte d'apostasie dont on se croyait assuré.

Il part au contraire, plein de confusion et de dépit, en entendant les réponses de l'athlète chrétien, qui confondent ses espérances.

Telle est cette scène touchante, que nous retrouverons plus tard au cimetière de Saint-Calixte, dans la visite au premier étage de la troisième *area*.

CHAPITRE VINGT-DEUZIEME.

Les Peintures des Catacombes.
V. Scènes liturgiques.

Ce n'est pas sans une respectueuse émotion que nous abordons, dans ce chapitre, la question de la représentation de nos plus augustes mystères par les peintures des Catacombes. Nous allons pour ainsi dire assister, avec nos frères des premiers âges du Christianisme, à ces grands actes de la vie religieuse, qu'ils accomplissaient dans le secret le plus rigoureux, et dont cependant ils nous ont laissé des témoignages indubitables, sur de muettes parois souterraines, qui nous les ont fidèlement conservés.

Il semblait qu'il fût impossible de représenter clairement de si saints mystères, tout en gardant les voiles qui devaient les protéger contre les outrages d'une haine diabolique. Pourtant, le problème fut résolu avec un tact, une prudence, qui décèlent que la main de l'artiste était guidée par la science du théologien.

I.

Voici d'abord le baptême, le sacrement initiateur à la vie chrétienne.

C'est un enfant descendu dans le lit d'une rivière; un homme lui verse de l'eau sur la tête. A côté d'eux, dans le même fleuve, un pêcheur retire un poisson qui s'est pris à sa ligne. A droite et à gauche de cette scène principale, deux autres tableaux sont retracés ; l'un représente Moïse frappant le rocher d'où l'eau s'échappe abondante ; l'autre est l'image du paralytique guéri, qui emporte son grabat sur ses épaules.

La scène du baptême est donc mêlée aux allégories et aux symboles bibliques de la grâce, de la foi, de la conversion.

En effet, sous les traits de Moïse, nous reconnaissons Pierre faisant jaillir du rocher, qui est le Christ, la foi dont le néophyte doit être illuminé. Sous les traits du pêcheur, c'est l'apôtre encore, le pêcheur d'hommes, qui retire du sein des eaux de la corruption payenne l'infidèle converti. Il le purifie ensuite dans les eaux de la grâce, et le renvoie, délivré de ses liens de péchés, comme le fit le Sauveur pour le paralytique de la piscine probatique.

Nous préférons voir ici le paralytique de la piscine probatique, plutôt que celui de Capharnaüm, en qui l'on pourrait trouver le symbole de la Pénitence, à côté du symbole du Baptême. Il nous semble, en effet, que l'artiste n'a pas dû se proposer un double objet, et diviser l'attention des fidèles. C'est le Baptême uniquement qu'il a voulu représenter en multipliant les symboles qui l'expriment. Du reste, nous ne croyons pas que la Pénitence, si ce n'est la pénitence publique, ait été jamais représentée ostensiblement par les peintures des Catacombes. Un écrivain du quatrième siècle va nous en donner la raison.

“ Nous parlons des pardons de Dieu, dit-il, „ non à ceux qui jouissent de la grâce, mais aux „ malheureux qui l'ont perdue ; nous révélons ce „ secret, non avant le péché, mais après le péché [1]. „

Dans les premiers siècles, quand le péché avait été public, on soumettait le coupable, qui avait scandalisé ses frères, à des pénitences rigoureuses et publiques ; mais quand le péché était secret, on avait toutes les sollicitudes de la miséricorde, pour le réconcilier en secret.

II.

Après le Baptême voici la divine Eucharistie et le saint Sacrifice.

Sur un trépied sont posés un pain et un poisson ; debout, un homme vêtu du pallium étend la main sur les offrandes et les consacre ; à côté de lui est une femme *orante*, les bras étendus et élevés, dans l'attitude de la prière. C'est la première scène. Une seconde est peinte tout auprès ; c'est la scène du lac de Tibériade, dont nous avons déjà parlé. Les sept disciples sont à table, ayant le pain et le poisson devant eux ; à leurs pieds sont rangées les huit corbeilles de pains qui rappellent le miracle de la multiplication. Enfin, une troisième scènes complète le tableau : c'est le sacri-

---

[1] Pacianus ad Sympronianum, Epist. I, 5.

fice d'Abraham. Le patriarche, son fils Isaac, le bois du sacrifice appuyé contre un arbre, et à côté le bélier qui doit être immolé, forment le groupe symbolique. D'autres fois la résurrection de Lazare, appelé par le Sauveur hors de son sépulcre, intervient dans cet ensemble de représentations.

Toutes ces scènes ainsi groupées, expriment clairement le Sacrifice et l'Eucharistie, pour des Chrétiens initiés aux divins mystères; ce n'est au contraire qu'un vulgaire repas aux yeux des payens habitués à festoyer, à certains jours, dans leurs tombeaux.

Le pain, le poisson, c'est-à-dire le divin *ichtus*, voilà bien la matière eucharistique et la réalité de la présence de Jésus-Christ, après la consécration. La femme *orante*, c'est l'Église qui, des ses prières, accompagne le prêtre dans sa fonction sacrée; ou bien peut-être la Foi, que les premiers Chrétiens aimaient à personnifier.

On peut l'inférer de ce que dit Abercius, Évêque d'Hiéropolis, en Phrygie, vivant au temps de Marc-Aurèle. Voici ses propres paroles:

" La Foi me conduisit, et mit devant moi le „ Poisson sorti d'une fontaine, très grand, très pur, „ que tint dans ses bras la vierge chaste. Elle le „ donna à ses amis à manger en tous lieux, y ajou„ tant un excellent vin mélangé d'eau, et du pain... „ Que ceux qui comprennent ces choses veuillent „ prier pour moi. „

Enfin, le banquet auquel sont assis les disciples exprime manifestement la communion réelle du corps de Jésus-Christ, parce que le pain eucharistique, l'*ichtus* divin, est miraculeusement multiplié, comme les corbeilles pleines le rappellent et le représentent.

Le sacrifice d'Abraham est rapproché de la scène principale pour unir la figure à la réalité, l'Ancien et le Nouveau Testament.

Quant à la résurrection de Lazare c'est le commentaire sublime de la parole du Sauveur: *Je suis la résurrection et la vie* [1]; c'est un rappel éloquent aux Chrétiens que l'Eucharistie est le pain de vie, le gage de la résurrection [2].

C'est pourquoi les images étaient répétées, toujours les mêmes, en divers endroits des Catacombes. Aussi les retrouve-t-on même grossièrement retracées par des mains malhabiles, des mains d'enfants peut-être qui les retenaient, pour mieux graver dans leur mémoire l'enseignement sacré qu'ils avaient reçu.

Comme on voit surtout que ces fervents Chrétiens des premiers jours aimaient la sainte Eucharistie! Comme volontiers ils reportaient vers elle leurs regards! N'était-elle pas la source d'une vie meilleure, à laquelle ils aspiraient avec ardeur, en échange de cette vie misérable que leurs bourreaux menaçaient chaque jour de leur arracher?

Concluons que dans ces scènes liturgiques, le peintre chrétien, tout en osant faire un pas en

---

[1] S. Jean, XI, 25.
[2] S. Jean, VI, 48, 55.

avant, avait toujours soin de les envelopper de tant d'allégories et de mystères, qu'elles ne pouvaient être mieux harmonisées avec le cycle symbolique, consacré par l'usage de l'Église des trois premiers siècles.

III.

En de rares occasions pourtant, l'on a représenté, sans aucun appareil et sans voiles, l'imposition des mains pour l'ordination, peut-être aussi l'imposition des mains pour la pénitence publique, et probablement encore la prise de voile d'une vierge sacrée. Mais, dans ces cas divers, il n'y avait plus de risque d'exposer, à la profanation et à la raillerie, des rites dont la signification échappait à l'interprétation malveillante des ennemis.

CHAPITRE VINGT-TROISIÈME.

Les Peintures des Catacombes.
VI. Images hiératiques du Christ, de la Vierge et des Saints.

On aimerait à retrouver, dans les Catacombes, dans celles surtout qui furent les plus voisines des temps apostoliques, quelque peinture, quelque image que l'on pût regarder comme le portrait authentique et réel du divin Sauveur, ou de sa sainte Mère. Mais avouons-le sans détour, il n'en existe pas. On ne retrouve pas même d'image conventionnelle, universellement adoptée des premiers Chrétiens, pour représenter leurs figures vénérées.

I.

Partout le Sauveur apparaît sous l'image du bon Pasteur, dans tous les monuments. On le peint alors sous des traits d'une douceur inexprimable, comme il convient à celui qui donne sa vie pour ses brebis.

Quelques fois cependant on le représente tenant en main la verge du commandement et accomplissant quelque miracle ; d'autres fois il est assis au milieu des Apôtres qu'il instruit. Dans ces images, sa figure est toute jeune et toute radieuse : c'est l'idéal de la jeunesse éternelle.

Si l'on trouve d'autres figures du Sauveur plus caractérisées, surtout avec le nimbe autour de la tête, on peut être assuré que ces peintures ne datent point des premiers siècles; elles furent introduites aux siècles de la paix. Le nimbe du reste n'est pas d'origine chrétienne; les payens le donnaient à leurs dieux, et plus tard à leurs empereurs; il était devenu un signe de l'autorité suprême. Aussi l'art chrétien ne l'adopta guère qu'à partir du quatrième siècle. Il se propagea peu à peu dans la suite, et devint d'un usage constant, pour distinguer les Saints.

II.

Les images des Saints, dans les Catacombes, ne sont pas plus que celles du Sauveur des portraits, ni des figures conventionnelles. On les représente toujours dans l'attitude de la prière, les bras étendus, à l'image du Sauveur sur la croix.

Cependant Saint Pierre et Saint Paul font exception. On leur a donné des caractères iconographiques assez persistants pour qu'on puisse les reconnaître entre tous. On voit que l'Église Romaine conservait religieusement le souvenir de ses glorieux fondateurs, et que la piété que nous leur gardons si fidèlement de nos jours a ses racines profondes dans un lointain passé.

L'attitude de la prière, donnée à toutes les autres images des Saints, témoigne une fois de plus de la confiance des fidèles dans la puissance de leur intercession, que nous avons vue si fréquemment exprimée dans les inscriptions des Catacombes.

III.

Parmi ces images *orantes* d'hommes, de femmes et d'enfants, si souvent répétées, il en est une qui semble l'*orante* par excellence. Elle accompagne ordinairement le bon Pasteur, sur les monuments les plus anciens. Cette femme, ainsi associée au Pasteur, ne serait-ce point la Vierge Marie, sa mère?

On peut le croire sans témérité, car le nom MARIA a été écrit plusieurs fois, au-dessus de la tête de l'orante, sur des vases de verre, et même une fois sur la pierre d'un sépulcre.

Il serait difficile toutefois d'assigner des règles certaines pour reconnaître quand cette image représente la Vierge Marie, et quand une autre Sainte, ou l'Église elle-même, comme déjà nous l'avons observé.

Mais, en dehors de ces représentations de la Vierge Marie, plus ou moins contestées, il en est d'autres qui ne peuvent l'être. Ce sont les peintures où la Vierge Mère porte l'enfant Jésus dans ses bras. Or ce groupe ne se trouve pas seulement dans la scène historique de l'Adoration des Mages; il est aussi retracé isolément, ou accompagné de la figure mystique d'un prophète.

La scène de l'Adoration des Mages n'est point toujours rendue de la même manière. Tantôt la Vierge est assise d'un côté du tableau et présente à leur adoration son divin enfant; les Mages, à la suite les uns des autres, s'avancent avec respect, portant en leurs mains leurs riches présents. Tantôt Marie et Jésus sont au centre, et les Mages, placés à droite et à gauche, se tiennent simplement debout à leurs côtés. Leur nombre traditionnel n'est plus même conservé; au lieu de trois, ils sont deux ou quatre, et quelquefois jusqu'à six [1].

Or, parmi ces images, quelques-unes sont très anciennes, et paraissent remonter jusqu'aux temps apostoliques. Ces monuments parlent assez d'eux-mêmes, et mieux que ne le feraient toutes les réflexions que nous pourrions ajouter.

---

[1] On doit observer que l'Évangile n'a pas donné le nombre des Mages, c'est la tradition seule qui l'a fixé.

CHAPITRE VINGT-QUATRIEME

Des autres Peintures et des Objets divers trouvés aux Catacombes.

Après avoir parlé des peintures religieuses qui se trouvent dans les Catacombes, il ne serait certes pas hors de propos de parler des autres images et des objets divers que l'on y trouve également. Mais le résumé même d'un tel sujet nous entraînerait trop loin du but que nous nous sommes proposé. Nous devons cependant en dire quelques mots, pour ne point laisser nos lecteurs dans une ignorance absolue sur ce point.

I.

Parmi les images, non religieuses, des Catacombes, on sera surpris peut-être d'en trouver d'empruntées à l'art payen.

Nous dirons, pour l'excuse de nos artistes chrétiens, que ce sont des scènes de la vie privée ou publique, qui n'offensent ni la foi, ni la décence, et dont l'usage sur les monuments chrétiens est très rare d'ailleurs. On comprend que les premiers artistes chrétiens, imbus des traditions de l'école dans laquelle ils avaient été formés, aient pu en employer les systèmes décoratifs et les accessoires de tous genres comme encadrements de leurs peintures symboliques, historiques ou hiératiques. Ce n'était pour eux qu'un langage conventionnel de l'art, qui ne servait qu'à la disposition de leurs groupes.

II.

Quant aux objets divers que l'on a trouvés dans les Catacombes, il sont sans nombre, et tous les musées en possèdent de belles collections.

Ce sont des anneaux, des camées, des colliers, des bracelets, des pendants d'oreilles et autres ornements de ce genre. Ce sont des jouets et hochets de toutes sortes pour les enfants. On y trouve aussi des clochettes, des figurines d'animaux, de petits miroirs, de petits boucliers, des lettres d'ivoire, de petits meubles de tous genres. On y rencontre tous les ustensiles d'ornement, d'agrément ou d'utilité, les plus disparates et les plus divers, qui sont dans les usages de la vie. Il y en a en pierres précieuses, en ivoire, en bronze, en fer, mais très rarement en or ou en argent. Peut-être craignait-on que l'or et l'argent ne tentassent la cupidité, qui hélas! est de tous les temps; peut-être les barbares s'en sont-ils emparés. Le plus souvent ces objets étaient comme enchassés dans la chaux qui scellait les sépulcres. La main d'un parent ou d'un ami avait voulu donner ce témoignage d'affection à un être regretté, ou bien se réserver le moyen de reconnaître plus facilement une tombe qui était chère.

III.

Parmi tous ces objets nous donnerons une mention spéciale aux vases en verre ou en terre cuite.

Les vases en verre étaient de toutes sortes, mais les coupes méritent plus particulièrement notre attention. Le fond, par un art qui paraît avoir été plus spécial à Rome, contenait, entre deux plaques soudées ensemble, une feuille d'or dans laquelle des lettres, des figures ou des dessins avaient été découpés. Les figures sont celles que nous avons déjà remarquées, dans les décors des chambres et des sépulcres, celles du bon Pasteur, de la Vierge Marie, des saints Apôtres Pierre et Paul, et d'autres encore. Les dessins reproduisent également les symboles peints sur les murailles des Catacombes, mais il y en a d'autres aussi avec un caractère plus précis et moins voilé, comme la chute originelle, le serpent d'airain, la destruction du dragon par Daniel. La raison de ce fait est que ces objets se rapportent beaucoup plus à l'époque de la paix qu'à celle des persécutions.

Enfin, n'oublions pas que les inscriptions que l'on y trouve ont fourni d'importants témoignages, sans lesquels l'interprétation de certaines images, de certains symboles, n'eût pas été suffisamment établi. Tels sont le nom de Marie, écrit à côté de l'image de l'*orante;* le nom de Pierre, à côté du Moïse symbolique frappant le rocher, et d'autres encore.

Pour les vases en terre cuite, nous ne citerons que les lampes. Leur forme était simple; parfois des figures grossières d'animaux symboliques y étaient empreintes; d'autres fois ces figures étaient sans caractère bien déterminé. Le monogramme du Christ, avec ou sans les lettres A et Ω, y est aussi souvent tracé. Ces lampes étaient incrustées dans la chaux devant les *loculi*, ou fixées dans de petites cavités aux angles des galeries, d'où elles servaient à éclairer et à guider dans le dédale de ces souterrains obscurs.

IV.

Outre ces objets ordinaires, communs aux sépulcres de tous les fidèles, il en est d'autres plus saints, plus vénérés, qui se rencontraient seulement dans les tombeaux des martyrs; je veux dire les ampoulles qui contenaient leur sang, et les instruments qui avaient servi à consommer leur supplice.

Les instruments de supplice, trouvés dans les Catacombes, sont rares, peu nombreux, et même douteux assez souvent. Ce sont d'abord ces *plumbatæ*, ou lanières garnies de plomb, dont les bourreaux frappaient les athlètes chrétiens, avec une cruauté si barbare. Ce sont peut-être aussi ces *ungulæ*, ou crocs de fer dont on déchirait leurs flancs, avant d'en approcher les torches ardentes.

Ce sont surtout ces hachettes, que Bosio a vues, une fois, fixées encore dans les crânes qu'elles avaient brisés.

Quant aux ampoulles de sang, chacun sait qu'à ce caractère seul, selon le décret de la Sacrée Congrégation des Rites, il est permis de reconnaître l'authenticité du martyre. L'histoire, en effet, nous rapporte avec quel zèle pieux les fidèles recueillaient le sang précieux de leurs glorieux suppliciés, dans ces petites fioles de verre, dont quelques-unes sont venues jusqu'à nous. Parfois même le sang s'y est trouvé encore liquide, mais le plus souvent il était durci et desséché.

Le bonheur de retrouver de ces trésors aujourd'hui n'est point fréquent; il ne faut nullement s'en étonner, quand on sait avec quel zèle les Papes du neuvième siècle ont recueilli les corps des martyrs pour les mettre en sûreté dans la ville; et, disons-le aussi, avec quelle piété indiscrète, dans des temps plus récents, on a recherché ceux qui restaient encore, pour les disperser de tous côtés.

Telle est donc la Rome souterraine de nos jours, telles sont encore ses grandeurs, tels ses trésors sacrés!

Qui donc ne serait ému, en pénétrant pour la première fois dans les Catacombes? Quels précieux souvenirs des plus grands siècles de l'Église vont se dérouler à ses yeux! Quels échos des temps héroïques ses oreilles vont recueillir! Quels pieux sentiments de foi et d'espérance doivent se réveiller et se fortifier dans son âme chrétienne !

Avançons donc avec respect vers ce cimetière de Saint-Calixte, qui doit être maintenant l'objet spécial de notre étude et de notre visite.

SECONDE PARTIE.
LE CIMETIÈRE DE SAINT-CALIXTE.

CHAPITRE PREMIER.

Les abords du Cimetière de Saint-Calixte.

Nous voici à l'entrée du Cimetière de Saint-Calixte. Les abords ne semblent rien annoncer de grandiose ni de majestueux. Un portail, en tout semblable à ceux des autres fermes de la Campagne Romaine, nous introduit à l'intérieur. Mais à peine avons-nous franchi le seuil que notre âme est saisie : la grandeur se retrouve partout dans Rome et autour de Rome. Des restes de vieux monuments Romains frappent d'abord nos regards. Ce ne sont que des ruines ; elles ne nous révèlent rien de leur passé ni de leurs maîtres ; mais vingt siècles de vicissitudes effroyables, qui se sont abattues sur elles, sans pouvoir les détruire, nous parlent éloquemment de ce peuple qui se vantait, non sans quelque raison, de devoir être éternel.

Le premier de ces débris sans histoire, est tout à l'entrée ; rien ne nous dit ce qu'il fut dans le passé. A notre droite, se voit une cavité avec des restes de murs qui semblent nous indiquer un tombeau. Un peu plus loin, se dresse la masse élevée et majestueuse d'un véritable monument, qui fut un tombeau de famille patricienne assurément, et qui domine à la fois la voie Appienne et l'*area* célèbre de Lucine. Ces trois ruines eurent des maîtres chrétiens sans nul doute, probablement la famille de cette même Lucine qui consacra son champ à la sépulture de ses frères chrétiens, car les *fossores* dans le travail de leurs galeries souterraines n'ont pas craint le contact de ces monuments. Quand au contraire un monument funéraire, situé dans le voisinage des cimetières des fidèles, renfermait des cendres de payens, jamais les galeries chrétiennes n'en venaient effleurer les murs ; elles s'en détournaient avec horreur, pour ne point souiller les ossements des Saints au contact de lieux consacrés par des rites idolâtriques [1].

Vous observez ce fait pour les restes payens de tombeaux qui avoisinent, au nord, cette même *area* de Lucine ; mais pour les trois monuments dont nous parlons, les galeries n'ont pas craint de les traverser, ni de toucher leurs murs.

Laissons ces ruines et le cimetière de Lucine auquel nous reviendrons dans la suite, et dirigeons nos pas vers le centre du cimetière de Saint-Calixte.

Nous suivons un sentier tout moderne, mais nous sommes près de l'ancienne voie Appio-Ardéatine, sur laquelle aboutissaient les principales *areæ* du groupe calixtien. Elle est aujourd'hui profon-

---

[1] Les pontifes payens consacraient les tombeaux par des rites idolâtriques.

dément enfouie sous des monceaux de terre et de débris, qui conservent fidèlement ces vieilles dalles romaines si connues, que l'on retrouve partout sur les voies antiques.

Le point où nous sommes est le point culminant de la vigne des Sacrés Palais Apostoliques; c'est d'ici que le regard peut jouir de ce spectacle splendide que nous avons décrit [1].

Avant d'arriver à l'entrée du cimètiere souterrain, remarquons une autre voie de création récente, qui n'est pas remarquable encore, mais qui doit s'embellir dans la suite. Elle est tracée d'hier, mais elle a déjà son histoire et nous rappelle un souvenir intéressant.

A l'extrémité de ce chemin encore modeste, du côté de Rome, vous apercevez le dôme gigantesque de Saint-Pierre qui semble la terminer. A l'opposé, vers le midi, c'est le majestueux tombeau de Cécilia Métella, qui se dresse devant vous. Or, quand Pie IX, aux jours où il était libre encore, venait visiter le cimetière des saints martyrs, les Pontifes romains du troisième siècle, il aimait à se promener et à méditer dans le champ que traverse aujourd'hui ce sentier solitaire. La tour de Cécilia Métella, la coupole de Saint-Pierre faisaient revivre tour à tour dans sa pensée les gloires de la Rome antique et les souvenirs plus doux de la Rome chrétienne. Du doigt il indiqua le tracé de ce sentier champêtre, duquel la vue pourrait se

---

[1] Voir l'Introduction, page xvi et suivantes.

reporter sans obstacle de l'un à l'autre monument. Il croyait sans doute pouvoir y renouveler souvent ses méditations pieuses sur cette terre des Saints; c'est pourquoi il ajouta cette parole : " ce sera ici „ la voie des Papes, à travers le cimetière des „ Papes. „

Quand donc cette parole d'heureux augure sera-t-elle enfin réalisée ?

Reprenons notre marche vers le but de notre visite.

Vous voyez à votre gauche un modeste édifice, conservant encore quelques formes de nos églises, avec trois absides à son chevet. C'est la basilique de Saint-Sixte et Sainte-Cécile, l'une de ces nombreuses chapelles qu'on bâtit au-dessus des tombeaux des martyrs, quand la paix fut rendue à l'Église. On la croit du quatrième siècle, elle avait remplacé un autre édicule plus ancien. Que de désastres elle à subis! Dans les derniers temps, hélas! elle était devenue une sorte de cave et de magasin.

Quand M. de Rossi en eut reconnu la noble origine, il l'a relevée de son ignominie; elle est rendue maintenant à sa dignité. On l'a parée de nombreuses inscriptions tirées des Catacombes, de dessins qui reproduisent les symboles des cryptes souterraines, et d'objets divers recueillis près des tombeaux des Saints. Noble pensée que ces témoignages de respect envers de si vénérables restes!

A l'entour de la vieille basilique, se voient les ruines du cimetière à ciel ouvert, qui avait remplacé peu à peu le cimetière souterrain, à l'époque de la paix. Les tombes étaient en briques, et juxtaposées, au lieu d'être superposées, comme dans les Catacombes. Observons cependant que chaque sépulcre était à plusieurs places, et que l'on en voit qui ont contenu jusqu'à dix corps superposés l'un à l'autre, mais séparés par des cloisons en briques qui les empêchaient de se toucher. La pensée qui présidait au mode de sépultures, était donc toujours la même qu'aux Catacombes : les frères devaient reposer les uns près des autres, chacun à sa place propre, en attendant la même résurrection commune, pour le royaume du même Père Céleste.

Un peu plus loin que cette première basilique, vers le couchant, vous apercevez un autre petit édifice antique, qui semble n'être qu'une habitation vulgaire de fermiers, mais qui cache aussi les restes d'une sainte basilique des premiers siècles. La forme sous laquelle elle se présente à vos regards ne laisserait point, il est vrai, reconnaître un édifice religieux, n'étaient ses trois absides assez ruinées qui attestent son antique origine. D'ailleurs les témoignages de l'histoire ne permettent plus de la méconnaître, c'est la basilique de Sainte-Sotère, martyre célèbre, dont le nom va bientôt se retrouver dans l'une des plus belles parties du cimetière de Saint-Calixte.

Ces monuments n'étaient pas les seuls qui existassent à la surface du sol de ce cimetière; nous savons qu'aux siècles de la paix on avait construit non-seulement des basiliques, au-dessus des principales cryptes souterraines, mais encore d'autres édifices pour le clergé, pour les *fossores*, pour le gardien du Cimetière, et surtout de grandes hôtelleries pour les pèlerins étrangers. Hélas! les dévastations ont fait tout disparaître, nous ne retrouvons plus de vestiges de toutes ces constructions intéressantes.

Car il ne faut pas confondre avec ces monuments les petits édicules, à toitures vitrées, que nous apercevons assez nombreux autour des restes des vieilles basiliques. Ces toits modernes sont des abris pour les *lucernaires* qui éclairent les principales cryptes des Catacombes, et que la Commission d'Archéologie Sacrée a fait restaurer.

Après avoir jeté ce coup-d'œil rapide sur le sol extérieur du cimetière de Saint-Calixte, et recueilli les souvenirs qu'il nous rappelle, approchons de la modeste cellule, où les gardiens de ces lieux sacrés attendent les visiteurs dont ils seront les guides. Cette construction, qui a maintenant l'aspect d'une tour, est un ancien monument funéraire, croit-on, que les propriétaires modernes de la vigne ont ainsi déformé en le surélevant pour de vulgaires usages. Elle date probablement du quatrième siècle, et ce fut un monument chrétien, car il est tout environné de restes de sépulcres du cimetière chrétien à ciel ouvert, et sous terre les galeries des Catacombes n'en ont pas redouté le contact. Des fragments d'inscriptions, qui rappellent le souvenir de la célèbre Sainte Paule, trouvés en cet endroit, donnent à penser que ce petit monument a pu appartenir aux descendants de cette noble et pieuse matrone.

Le front de l'édifice est sur la voie Appio-Ardéatine; nous sommes donc aux confins des trois *areæ* primitives du cimetière de Calixte, et tout près de l'entrée qui doit nous conduire dans ses galeries et ses chambres souterraines. Mais avant d'y pénétrer, arrêtons-nous encore quelques instants pour recueillir quelques souvenirs importants de l'histoire de ce cimetière célèbre; il ne nous sera pas inutile de les connaître, pour l'intelligence de tous les détails du monument.

CHAPITRE SECOND.

Création et développement du Cimetière de Saint-Calixte.

Nous comprenons aujourd'hui, sous la dénomination générale de Cimetière, ou Catacombes de Saint-Calixte, tout l'ensemble de galeries souterraines renfermées dans la vigne actuelle des Sacrés Palais Apostoliques. Les parties de ce vaste ensemble sont: la Crypte de Lucine, le Cimetière de Calixte proprement dit, l'Arénaire de Saint-Hippolyte et le Cimetière de Sainte-Balbine.

I.

La *Crypte de Lucine* est la plus ancienne de ce groupe; elle paraît remonter jusqu'au premier siècle. Car on a de sérieuses raisons pour croire que cette Lucine ne fut autre que la Pomponia Græcina, contemporaine de Néron, femme de Plautius, le vainqueur des Bretons sous l'empereur Claude, de laquelle Tacite rapporte la conversion au Christianisme, en l'an 58 de Jésus-Christ. Ce serait cette même Lucine, qui, disciple fidèle des Apôtres, prenait un soin pieux de la sépulture des martyrs, victimes de la cruauté de Néron; qui fit ensevelir en divers lieux, dans ses fonds, et Saint Paul sur la voie d'Ostie, et les Saints Processe et Martinien sur la voie Aurélienne, laissant ainsi son nom à trois des cimetières chrétiens primitifs. Lucine serait l'*agnomen* [1] chrétien que Pomponia Græcina aurait pris au baptême, selon un usage qui commença de bonne heure, et devint de plus en plus fréquent dans la suite. M. de Rossi donne de si savantes explications pour appuyer cette conjecture, qu'il reste peu de probabilité en faveur de l'opinion contraire.

Quoiqu'il en soit du nom patronymique de Lucine, cette noble dame, suivant l'exemple des riches chrétiens de son temps, consacra, dans sa propriété de la voie Appienne, une *area* de cent pieds *in fronte* [2], sur deux cent trente *in agro* [3], pour la sépulture des frères. Déjà un tombeau de famille, nous l'avons dit, dominant la voie Appienne, occupait la partie antérieure de l'*area*. On n'y toucha point d'abord ; il fut réservé un espace de cinquante pieds pour ce monument ; le reste fut creusé pour y ouvrir les galeries sépulcrales des fidèles ; plus tard on les prolongea dans toute l'étendue de l'*area*, même au-dessous du monument de la famille.

II.

Une autre crypte, peu distante de la première fut ouverte vers le milieu du siècle suivant. C'est

---

[1] C'est le *surnom*, il exprime quelque chose de spécial à la personne. Lucine veut dire *éclairée, illuminée* par la foi.

[2] *Sur le front*, c'est-à-dire le long de la voie.

[3] *Dans le champ*, c'est-à-dire dans l'intérieur de la propriété.

la *crypte des Cæcilii*; elle est au midi de la voie Appio-Ardéatine, en face de la basilique de Saint-Sixte et Sainte-Cécile. L'*area* mesure deux cent cinquante pieds *in fronte*, sur cent *in agro*. C'est là que fut ensevelie Sainte Cécile, la gloire de la *Gens Cæcilia*, martyrisée sous Marc-Aurèle (161-180). La crypte appartenait donc à la famille des *Cæcilii*, parents ou alliés des *Pomponii Bassi*, des *Annii*, des *Cornelii*, dont les noms reviennent si fréquemment sur les inscriptions des cryptes de Lucine et de Sainte-Cécile. Ainsi ces deux hypogées étaient à la même famille; ils formèrent le noyau primitif du cimetière de Calixte.

Ce fut au commencement du troisième siècle, que le Pape Zéphirin créa, de ces deux cryptes, le cimetière de l'Église, et appela le diacre Calixte à l'administrer. C'est dans cet acte qu'il est fait mention spéciale, pour la première fois, d'un cimetière propre de l'Église, et d'une administration particulière pour veiller aux sépultures. L'Église possédait certainement les cryptes de Lucine et des *Cæcilii*, ou en usait librement, mais sous le titre légal des personnes qui les avaient créées. A partir de l'acte de Zéphirin, elle va les posséder sous un autre titre, en vertu sans doute de quelque disposition administrative qui ne nous est point connue. Il semble que l'Église se soit constituée en société funéraire, selon la coutume romaine, sous la dénomination d'*Ecclesia fratrum*, c'est-à-dire de *Société* ou de *Collège* des *frères*, ce qui ne pouvait éveiller la susceptibilité des payens.

Toujours est-il que la propriété collective d'un cimetière commun fut établie et reconnue à l'Église, à partir de ce moment. La crypte de Lucine conserva sa dénomination ancienne ; celle des *Cæcilii* devint le cimetière de Calixte, *cœmeterium Calisti*.

Dès la première moitié du troisième siècle, peu après sans doute que le diacre Calixte eut pris l'administration du cimetière, il fallut augmenter l'*area* de Sainte-Cécile d'une *area* nouvelle. On la prit au nord de la voie Appio-Ardéatine [1]. Elle est moins étendue que les précédentes et ne mesure que cent cinquante pieds *in fronte* et cent vingt-cinq *in agro*. C'est la seconde *area* du cimetière de Calixte, nous l'appelons la crypte de Saint-Melchiade, du nom de ce saint Pape, que l'on reconnaît y avoir été déposé.

L'accroissement était insuffisant, il fallut bientôt y adjoindre une troisième *area* de mêmes dimensions que la précédente. Nous l'appellons la crypte de Saint-Eusèbe, pareillement à cause de la sépulture de ce saint Pontife. Elle est à l'ouest de celle de Saint-Melchiade, comme elle sur la petite voie Appio-Ardéatine, et complète avec les deux premières le cimetière de Calixte proprement dit.

III.

Malgré ces premiers accroissements du cimetière de l'Église, l'espace ne suffisait plus aux sé-

---

[1] Voir le plan du cimetière de Calixte.

pultures des Chrétiens, dont le nombre grandissait rapidement. C'est pourquoi, vers la fin du troisième siècle, on adjoignait au cimetière de Calixte le vaste cimetière de Sainte-Sotère à l'ouest; et l'arénaire de Saint-Hippolyte au septentrion.

Quatre *areœ* contiguës forment l'hypogée de Sainte-Sotère. La voie Appio-Ardéatine le partage en deux parties; une autre voie, également ancienne, allant de la voie Appienne vers la basilique de Saint-Sébastien, le sépare du cimetière de Calixte. Sainte Sotère, qui lui a laissé son nom, fut martyrisée sous Dioclétien. Elle était de la *Gens Aurelia* et comptait des *clarissimes* parmi ses ancêtres, c'est-à-dire des personnages consulaires, sénatoriaux, ou chargés de quelque préfecture. Saint Ambroise était le petit-neveu de cette noble vierge martyre.

L'*arénaire*, ou *cimetière de Saint-Hippolyte*, doit son nom à ce célèbre martyr venu de la Grèce, avec une troupe nombreuse de compagnons, dans un but que l'histoire ne dit point. Durant la traversée, au milieu d'une tempête furieuse, ils vouèrent des sacrifices à Jupiter, pour obtenir sa protection. Mais à Rome Hippolyte se convertit, puis amena ses compagnons à partager sa foi. Il s'était fait une retraite dans un arénaire, près du cimetière de Calixte, et souvent il y réunissait ses compatriotes pour prier. Ce fut là qu'ils furent ensevelis ensemble, après avoir glorieusement souffert le martyre. On connaît les noms de quelques-uns, par deux inscriptions métriques, ce sont : Adrias, Marie, Néon et Pauline, épouse d'Adrias.

Ce cimetière fut d'abord ouvert en dehors de celui de Calixte, mais il lui fut dans la suite rattaché. Le tombeau de Saint Hippolyte fut fréquenté à l'époque de la paix. Les dévastations ne l'ont pas épargné ; et, ni son sépulcre, ni ceux de ses compagnons ensevelis avec lui, n'ont encore pu être retrouvés.

Ainsi se développa le cimetière de Calixte, même au fort de la persécution. A l'âge de la paix, malgré l'abandon de plus en plus accentué des sépultures souterraines, il s'agrandit encore de deux nouvelles parties de grande étendue.

La première fut celle que nous appelons la région *Libérienne*, du nom du Pape Libère (352-366), sous le Pontificat duquel elle paraît avoir commencé. Elle s'étend au nord du cimetière de Saint-Calixte, entre l'arénaire de Saint-Hippolyte et le cimetière de Sainte-Sotère. Elle est vaste, ornée de chambres nombreuses, et se développa jusqu'à la fin du quatrième siècle.

A la même époque que commença la région Libérienne, s'ouvrirent aussi ces nombreuses et inextricables galeries qui se déroulent au midi, entre le cimetière de Calixte et la crypte de Lucine. On y trouve jusqu'à cinq ou six étages différents, aussi est-il difficile de s'y reconnaître et de ne point s'y égarer. C'est pourquoi les guides dénomment cette région, le *labyrinthe*, et ne le font point visiter. On n'y trouverait du reste rien d'intéressant à voir, ni ornements, ni peintures, pas une chambre sépulcrale, mais partout de simples *loculi*.

IV.

Telles sont les diverses parties qui composent le célèbre cimetière de Saint-Calixte, parvenu à son dernier développement. Faut-il réunir encore à cet ensemble le *cimetière de Sainte-Balbine*, qui occupe toute la vaste région septentrionale de la vigne des Sacrés Palais Apostoliques?

Il est certain que ce cimetière, lequel n'est pas moins vaste que le premier, en fut d'abord indépendant, et qu'il eut une administration particulière et jusqu'à son système propre d'architecture. Il est visible aussi qu'il ne fut pas relié directement à la région calixtienne, car ses dernières ramifications viennent pour ainsi dire expirer à quelques centimètres des galeries extrêmes de la région libérienne. A l'âge de la paix, il fut développé par les soins du Pape Saint-Marc, et devint l'un des trois grands cimetières de Rome. Il fut probablement confié aux prêtres du titre de Sainte-Balbine, près de l'antique porte Capène. Aujourd'hui, il se trouve englobé dans la vigne des Sacrés Palais Apostoliques, avec le groupe calixtien.

Ce cimetière, après avoir passé par les mêmes vicissitudes que les autres, fut retrouvé, reconnu et visité par M. de Rossi, en 1867; mais il n'a pu encore être complètement déblayé, ni décrit. Ce que nous en connaissons jusqu'à ce jour suffit pour montrer que non-seulement il a des dimensions extraordinaires, qu'il est creusé à plusieurs étages, qu'il renferme des chambres nombreuses, vastes, éclairées par des lucernaires contemporains de sa construction; mais encore, qu'il dépasse en grandeur et en perfection architecturale tout ce qui a été vu jusqu'ici dans les Catacombes.

Ce coup d'œil rapide, que nous venons de jeter sur l'ensemble du cimetière de Saint-Calixte, suffit pour nous donner une idée de son importance, de son étendue, de ses développements successifs. Nous pouvons en conclure quel accroissement avait pris le Christianisme à la fin du troisième siècle, malgré les entraves dans lesquelles l'enserrait le paganisme, malgré les persécutions sanglantes qui semblaient devoir l'anéantir. Aussi voyons-nous clairement pourquoi le triomphe n'était pas loin.

Après la paix, le cimetière de Calixte passa par toutes les vicissitudes des autres Catacombes romaines. Plus que les autres, il avait été à l'épreuve, parce qu'il était la propriété de l'Église des frères; aussi l'on y retrouve encore aujourd'hui toutes les marques de cette lutte héroïque, soutenue par les fidèles contre les envahisseurs, pour mettre leurs chères sépultures et les corps de leurs glorieux martyrs à l'abri des profanations. Mais on y retrouve également la trace de tout ce que firent les Papes, Saint Damase en particulier, pour remettre en honneur et rendre au culte des fidèles les cryptes les plus sacrées.

Vinrent ensuite les dévastations des barbares, dont la vue ne pourra manquer de nous attrister, et de nous émouvoir quand nous allons les toucher de nos mains et les voir de nos yeux. Puis l'oubli s'était fait ; et cette terre sacrée, où dormirent tant de généreux athlètes, était ignorée et méconnue, comme tous les champs de batailles oubliés, qui n'ont pas laissé de noms après eux.

Cependant, pour les héros chrétiens, les ombres devaient être dissipées, et le jour où leurs sépulcres redeviendraient glorieux allait enfin s'illuminer.

CHAPITRE TROISIÈME.

La découverte du Cimetière de Saint-Calixte.

Si le cimetière de Saint-Calixte n'était plus connu, si ses cryptes jadis célèbres n'étaient plus visitées, le nom lui-même n'avait point péri. Trop de monuments du passé restaient encore pour le rappeler. Tout le monde, depuis le douzième siècle jusqu'à nos jours, le plaçait aux Catacombes de Saint-Sébastien.

Là, selon la légende accréditée, avaient reposé et Sainte Cécile, et Saint Corneille, et Saint Eusèbe, et tous les autres Papes du troisième siècle, et les milliers de martyrs dont de précieux documents indiquaient la sépulture au cimetière de Calixte. On ne lisait point avec attention les anciens témoignages; le fait était acquis; des inscriptions qui le consacraient avaient été multipliées dans la vieille basilique; personne ne pensait à le contester.

Aussi fut-ce une véritable résurrection du cimetière de Saint-Calixte, que la découverte qui en fut faite, au milieu de ce siècle, par le génie fécond de M. de Rossi.

I.

L'illustre maître, en relisant avec soin tous les documents du passé échappés à la destruction, acquit la certitude que le célèbre cimetière n'était point aux Catacombes de Saint-Sébastien, mais plus près de Rome, sur la droite de la voie Appienne, au second mille de la porte Capène, comme le portaient les vieux écrits. Donc, malgré la légende, malgré l'opinion vulgaire, malgré l'opinion de Bosio lui-même, il abandonna les Catacombes de Saint-Sébastien pour venir fouiller aux lieux où des indices plus sûrs lui disaient qu'il fallait chercher.

En 1849, il retrouva dans la vigne Molinari, près du vieux monument romain du cimetière de Lucine, que nous connaissons, au milieu d'un amas de fragments d'inscriptions antiques, les restes d'une épitaphe de martyr qui se terminait par ces lettres :

NELIVS MARTYR

Déjà il n'a plus de doute ; le nom du martyr était *Cornelius*. Là était donc la sépulture de Saint Corneille, et à peu de distance devait se trouver le cimetière de Calixte, et la crypte des Papes, et celle de la vierge Cécile. Toutefois il voulait la certitude. Il se mit à chercher encore, avec plus d'ardeur et d'espérance, le fragment qui compléterait le débris déjà tombé en ses mains.

Quatre ans plus tard, [qu'on apprenne à ne point mépriser la patience de l'archéologue !] dans la même vigne, la Commission d'Archéologie Sacrée, faisait ouvrir l'accès d'une chambre souterraine, qui paraissait de quelque importance. Cette chambre était remplie de décombres, tombés par deux lucernaires. M. de Rossi suivait anxieux les travaux. Quatre images de Saints, de style byzantin, décoraient deux à deux les piliers entre lesquels s'ouvrait un tombeau. L'une des images du pilier de droite était accompagnée de l'inscription verticale suivante: SCI CORNELII PP (*Sancti Cornelii papæ*); la seconde, du même pilier, conservait à peine des traces de quelques lettres; ce fut cependant assez pour lire le nom: CIPRIANI.

Tous les doutes étaient levés. Le souvenir de Saint Cyprien, réuni à celui de Saint Corneille, confirmait les indices fournis par les itinéraires des pèlerins du huitième siècle. Cependant on allait trouver mieux encore.

Devant ces images était dressé un petit autel de forme cylindrique, et à côté se trouvait un tombeau, évidemment d'une grande importance. Trois inscriptions, maintenant brisées, l'avaient orné au temps de sa splendeur. La première, en haut, et la dernière, en bas, gravées en caractères damasiens, ne gardaient plus que quelques débris de lettres. L'inscription du milieu, celle qui autrefois avait fermé l'ouverture même du tombeau était réduite elle-même à un petit nombre de caractères; mais le fragment sur lequel ils étaient gravés se trouvait précisément celui qui manquait au premier débris, découvert en 1849.

Les deux pièces réunies donnaient l'inscription dans son intégrité:

CORNELIVS MARTYR
EP.

De plus, la tablette de marbre, reconstituée par l'ensemble de ces fragments, était juste de la dimension voulue pour fermer la niche sépulcrale; et toutes les parties du monument correspondaient, avec l'exactitude la plus scrupuleuse, aux données recueillies dans les anciens écrits. On était donc vraiment en présence de l'un des tombeaux historiques du cimetière de Calixte, la cripte de Saint-Corneille était retrouvée, et la position du cimetière de Lucine reconnue et déterminée.

II.

La voie était ouverte pour d'autres conquêtes. Il importait maintenant de découvrir la crypte des Papes, et de fixer la position du groupe principal du cimetière de Saint-Calixte. Tous les témoignages anciens le plaçaient dans le voisinage du tombeau de Saint Corneille, c'était donc en ce même lieu qu'il fallait le rechercher.

L'attente ne fut pas de longue durée; on était trop près du but pour ne point l'atteindre rapidement. Ce fut en 1854 qu'eut lieu la grande découverte.

Après avoir débarassé de ses décombres un ancien lucernaire, et l'espace qui était au-dessus, on aperçoit la porte grandiose d'une chambre souterraine. De chaque côté les murailles étaient recouvertes d'un nombre infini de *graffites*, écrits de la main des antiques visiteurs de cet hypogée.

Les élans de leur enthousiasme témoignaient que

cette porte devait ouvrir l'accès vers le plus célèbre sanctuaire de Calixte, on pourrait dire peut-être de toute la Rome souterraine. Une main pieuse du cinquième siècle avait tracé ces mots qui déjà nous sont connus [1] :

GERVSALE CIVITAS ET ORNAMENTVM MARTIRVM DNI.
*Ici est la Jérusalem,
la cité, l'honneur des Martyrs du Seigneur.*

" Les décombres qui remplissaient les cryptes, raconte M. de Rossi, furent enlevés avec l'ardeur que devait inspirer une pareille attente. Au fur et à mesure qu'on les sortait de la chambre, des fragments d'inscriptions, grecques et latines, tombaient sous nos mains. Que l'on s'imagine nos sensations, à l'apparition successive des débris d'épitaphes, dont les lettres grecques, contemporaines du troisième siècle, composaient plusieurs syllabes des noms que nous cherchions, c'est-à-dire des Papes antérieurs à Constantin.

"Enfin ces débris réunis donnèrent les noms entiers des papes Anteros, Fabien, Lucius, Eutychien, quatre sur les onze que l'histoire nous enseigne avoir été enterrés dans le principal sanctuaire du cimetière de Calixte. Les épitaphes des autres ont disparu, mais parmi les innombrables fragments, entassés sur le sol de la chambre par de barbares dévastateurs, cent vingt-

---

[1] Voir plus haut, 1ʳᵉ Partie, Ch. XVI, p. 80.

„ cinq portaient de belles lettres du pape Damase.
„ Leur reconstruction mit sous nos yeux les vers
„ célèbres que les anciens pèlerins avaient copiés,
„ dans cette même chambre, il y a plus de dix
„ siècles.

„ Ces vers rappellent la grande multitude de
„ Saints, de toute condition et de tout âge, enter-
„ rés dans ces cryptes, et finissent avec le tou-
„ chant aveu du pontife poète: *J'aurais souhaité,*
„ *je l'avoue, que mon corps fût enseveli en ce lieu;*
„ *mais j'ai craint d'outrager les restes saints qui*
„ *y reposent.* „

Cette précieuse découverte de la crypte des Papes en appelait une autre; il restait à retrouver le tombeau de Sainte Cécile, que l'on savait tout voisin.

Au fond de la chambre papale, à côté de l'autel se voyait une ouverture toute remplie elle aussi de décombres. Elle fut vite déblayée: elle donnait accès dans une seconde chambre. Sur le mur contigu à la chambre des Papes, dans un encadrement, l'image d'une Sainte domine: c'est l'image de Sainte Cécile. Au-dessous est une petite niche, ornée du buste du Sauveur, fresque byzantine devant laquelle semble avoir été autrefois un autel. A côté de cette niche, et au-dessous des pieds de la Sainte, est l'image de Saint Urbain. Ce fut lui qui déposa la dépouille sanglante de la jeune Vierge dans un sarcophage de marbre, dont on voit encore l'emplacement.

Tous les détails de l'histoire de ce glorieux tombeau étaient donc vérifiés par ces découvertes, et l'on avait enfin avec certitude la vraie position du cimetière de Calixte et de ses plus célèbres cryptes, non plus à la Catacombe de Saint-Sébastien, mais à leur véritable site, un peu plus près de Rome, au second mille de la porte Capène.

CHAPITRE QUATRIÈME.

La Crypte des Papes.

Nous commençons la visite des Catacombes du cimetière de Saint-Calixte par le point le plus important et le plus célèbre, qui est la *Crypte des Papes*.

En quittant la cellule des RR. PP. gardiens de ces Catacombes, nous passons devant la basilique de Saint-Sixte et Sainte-Cécile, que nous connaissons; puis, traversant les ruines du cimetière à fleur de terre, nous arrivons promptement à l'entrée de l'escalier de Saint Damase.

C'est en effet ce Saint Pontife qui l'a fait construire. Primitivement il y avait deux entrées, placées aux extrémités A et B [1] des deux principaux ambulacres de la première *area*, connue sous le nom de Sainte Cécile. Mais, les escaliers primitifs ayant été en partie détruits, puis remplis de terre, comme on sait, Saint Damase, à l'âge de la paix, trouva plus facile de construire un nouvel escalier, qui conduirait directement à la crypte des Papes,

---

[1] Voir le plan du cimetière de Calixte. La notation de nos plans, comme ces plans eux-mêmes, est empruntée à la *Roma sotterranea* de M. de Rossi.

dont il voulait faciliter l'approche aux fidèles. Aussi quand le travail fut achevé, et la crypte elle-même restaurée et ornée avec magnificence, le concours du peuple devint de jour en jour plus grand, et les pèlerins ne cessaient d'y affluer de toutes parts avec un croissant enthousiasme.

Nous en trouvons la preuve dans ces innombrables graffites, dont le stylet des visiteurs s'est complu à orner les murailles, aux approches de la crypte sacrée. Ils expriment, avons-nous dit [1], la piété des fidèles qui désiraient au moins placer leur nom, ou leur prière, tout près des tombeaux des martyrs; tandis que d'autres plus heureux obtenaient d'y avoir leur sépulcre. Aussi voyons-nous déjà dans les parois de l'escalier même, les cavités vides d'anciens et nombreux *loculi*.

Le palier, auquel nous sommes parvenus après avoir descendu une trentaine de degrés environ, est au niveau du second étage de la catacombe, à douze ou treize mètres de profondeur. Cet étage est le premier qui fut creusé dans l'*area*, et le plus important. A cet endroit, on reçoit le jour d'en haut par un lucernaire.

A quelques pas plus loin, M, nous prenons à droite un couloir étroit qui nous introduit dans une galerie plus vaste L, éclairée par un nouveau lucernaire. Dans tout ce trajet les parois du tuf ont dû être soutenues par des revêtements en briques, anciens ou modernes. C'est sur les plus anciens,

---

[1] Voir 1re Partie, Ch. XVI, p. 86.

revêtus eux-mêmes d'une couche de stuc, que sont tracés les *graffites*, dont la succession nous marque en quelque sorte notre route avec sûreté.

Toutefois avant d'entrer dans la crypte des Papes, nous devons nous arrêter un instant dans une petite chambre 2 qui est à notre droite, et qui mérite de fixer notre attention. Elle est fort ravagée ; on voit cependant qu'elle fut assez en honneur autrefois. Trois vastes niches, en forme de sépulcres, attestent que les corps de saints martyrs y ont reposé ; mais leurs noms sont inconnus. Les parois furent ornées d'un beau stuc blanc et de peintures ; on n'en voit plus que des traces. La voûte est en meilleur état que le reste. Elle est ornée de l'image d'un personnage solitaire, dont les traits bien conservés laissent reconnaître Orphée jouant de la lyre et domptant les animaux féroces, qui se tiennent auprès de lui. Disons toutefois que l'animal qui est à sa droite ressemble plutôt à un agneau qu'à une bête sauvage. L'autre, à gauche, difficile à reconnaître, parce que le temps l'a presque tout effacé, est couché aux pieds du musicien enchanteur.

C'est une des rares peintures, empruntées par les artistes chrétiens à leurs réminiscences du paganisme ; encore, le symbolisme y est-il facile à distinguer.

Ici, le poétique enchanteur n'est qu'une figure du Sauveur, dont la suave parole, plus puissante que la lyre d'Orphée, avait su dompter les cœurs idolâtres, non moins rebelles que les animaux sauvages. Et ce sont assurément ces payens, devenus de douces brebis, que l'on voit aux pieds du nouvel Orphée, qui les a enchantés par la mélodie de ses divins enseignements.

Tout ce qui reste de ce *cubiculum* dénote une des parties les plus anciennes de l'*area*, et le reporte vers la fin du second siècle.

Presque en face de cette chambre s'ouvre la crypte des Papes 3. Les graffites plus nombreux, les exclamations plus pieuses et plus ferventes, le nom de Saint Sixte plusieurs fois invoqué, celui du pape Pontien écrit parmi les autres plus vulgaires, la magnifique acclamation à la Jérusalem des martyrs, nous annoncent indubitablement l'entrée de cette crypte glorieuse. Ne nous attendons pas cependant à retrouver de son ancienne beauté autre chose que des restes et des ruines. Les souvenirs seuls n'ont rien perdu de leur grandeur.

L'entrée est un arc en briques, où l'on voit les restes de trois enduits successifs. Le dernier, qui date du septième ou du huitième siècle, garde encore, à la voûte, quelques spirales de grossières arabesques. Le second apparaît là, où le premier a été ruiné, et laisse voir dans un large cercle une belle forme du monogramme du Christ; on peut donc conjecturer qu'il fut l'œuvre du pape Sixte III ou même de Saint Damase. L'un et l'autre ont déployé leur zèle à restaurer les principales cryptes des martyrs. Enfin la couche inférieure est d'un beau stuc fin et blanc, decoré par de larges bandes rouges au minium, bien effacées, et remonte à l'origine même de la crypte.

Tout l'intérieur de la chambre, longue de quatre mètres et demi, sur trois et demi de large, était revêtu de ce même stuc de la primitive époque, et de quelques peintures; mais il est fort endommagé. Ce qui en restait encore à l'époque de la découverte, en 1854, s'est presque tout écroulé à l'enlèvement des décombres. On dut se hâter de préserver, le plus possible, par des restaurations nouvelles, ce qui apparaissait encore des anciennes décorations; à peine en voit-on quelques vestiges à l'un des angles.

Au cinquième siècle, le premier revêtement avait été recouvert d'un beau marbre, dont quelques fragments sont encore adhérents à la muraille. De nombreux débris jonchaient le sol, pêle-mêle avec les autres décombres, en 1854.

Au moyen de ces indices et d'autres restes de toute sorte, si peu importants qu'ils paraissent, on a pu reconstruire le dessin complet de ce que fut cette basilique souterraine, aux plus beaux temps de sa gloire : monument plein de grâce et de majesté malgré ses étroites dimensions. Nous pouvons en donner aujourd'hui la description avec la même certitude que si nous l'avions sous les yeux.

Au fond de la crypte, à l'opposé de l'entrée, vous voyez un degré de marbre, avec les empreintes des quatre piliers qui soutenaient l'autel. Derrière l'autel, dans la roche, était le tombeau en maçonnerie du pape Saint Sixte II. Entre l'autel et le tombeau, sur un degré plus élevé que le premier était placée la chaire de marbre, sur laquelle ce glorieux Pontife avait été frappé du coup mortel dans le cimetière de Prétextat.

Deux inscriptions damasiennes décoraient le fond de la chambre. La première chantait le martyre de Saint Sixte et formait comme un revêtement à son tombeau. On n'en a retrouvé que de petits fragments, mais des copies anciennes nous l'ont transmise intégralement. La seconde, placée au-dessus de la première, rappelait la gloire des incomparables phalanges de martyrs qui étaient ensevelis dans ce lieu.

Autour de l'autel et de la chaire pontificale, régnait une balustrade ajourée, dont on a retrouvé quelques beaux débris. Deux belles colonnes en spirales, qui se voient encore à leur place, supportaient une architrave de marbre, à laquelle des lampes et des draperies étaient suspendues.

Les parois latérales étaient revêtues de marbre, mais laissaient voir la place des *loculi*, ou sépulcres des Saints, avec leurs tablettes de marbre, sur lesquelles étaient gravés leurs noms. Quatre de ces noms, comme nous le savons déjà, ont été retrouvés en cet endroit ; on les a rétablis à leur place première, autant qu'on a pu la présumer.

Enfin, sur la paroi opposée à l'autel, au-dessus de la porte, Sixte III avait fait poser une grande table de marbre, où se trouvaient inscrits les noms des papes, des évêques et des martyrs illustres qui avaient reçu la sépulture en cet endroit privilégié.

Quels étaient donc ces papes et ces martyrs illustres ? Il ne sera pas sans intérêt pour nous de le rechercher.

CHAPITRE CINQUIÈME.

Les martyrs illustres de la Crypte des Papes.

I.

Rappelons d'abord la primitive inscription de Saint Damase, qui célèbre les martyrs nombreux ensevelis dans la crypte des Papes, et aussi dans le voisinage, car elle ne concerne point cette crypte seulement.

Hic congesta jacet, quæris si, turba Piorum:
Corpora Sanctorum retinent veneranda Sepulcra;
Sublimes animas rapuit sibi Regia Cœli.
Hic comites Xysti portant qui ex hoste tropæa;
Hic numerus procerum, servat qui altaria Christi;
Hic positus, longa vixit qui in pace Sacerdos;
Hic Confessores Sancti, quos Græcia misit;
Hic juvenes puerique, senes castique nepotes,
Quîs mage virgineum placuit retinere pudorem.
Hic, fateor, Damasus volui mea condere membra,
Sed cineres timui sanctos vexare Piorum.

„ Ici reposent ensemble, innombrables, les pieuses dé-
„ pouilles que vous cherchez. Ces augustes tombeaux gar-
„ dent les corps des Saints; le céleste royaume a ravi leurs
„ âmes dans la gloire.
„ Là sont les compagnons de Sixte, chargés des trophées

„ de l'ennemi ; là, une noble phalange [1] de Princes, qui gar-
„ dent les autels du Christ ; là, aussi, le Pontife qui vécut de
„ longues années dans la paix ; là, les Saints Confesseurs,
„ que la Grèce avait envoyés ; là, des jeunes gens et des
„ enfants, des vieillards et leur chaste race, qui aima et
„ garda la pudeur virginale.

„ Là, je l'avoue, moi aussi, Damase, j'aurais désiré reposer
„ mes membres, mais j'ai craint de troubler la cendre sa-
„ crée des Saints. „

Recueillons les enseignements que nous donne ce sobre poème.

Les premiers vers font allusion à un nombre infini de martyrs, ensevelis ensemble. Des polyandres, ou tombes communes, renfermaient des centaines, des milliers peut-être de ces glorieux athlètes, tombés ensemble, brûlés aux mêmes buchers, et dont les cendres confondues devaient reposer au même lieu.

" Tant que Rome, dit Prudence, adora les
„ dieux du paganisme, sa fureur maudite fit périr
„ une multitude de justes. Sur beaucoup de tom-
„ bes, vous pouvez lire les noms des martyrs et
„ une courte inscription ; mais beaucoup d'autres
„ taisent les noms et ne donnent que le nombre.
„ Une muette tablette de marbre porte un chiffre,
„ et j'ai lu que sous une seule pierre soixante
„ personnes reposaient [2]. „

On lit dans les martyrologes et les anciennes

---

[1] *Numerus*, dans la langue du IVe siècle, signifie un corps de soldats.

[2] *Péristéph.*, XI, 9 et sq.

légendes, qu'auprès des tombeaux de Saint Sixte et de Sainte Cécile reposaient jusqu'à quatre mille martyrs ensevelis ensemble. La loi romaine, personne ne l'ignore, ne reculait pas devant la barbarie des exécutions en masse, témoin la coutume de décimer les légions mutinées. Une fosse profonde, ouverte sous une niche à gauche de l'autel, dans la chapelle papale, et séparée de la chapelle voisine de Sainte Cécile par une mince paroi, paraît être le polyandre auquel Saint Damase fait allusion dans ses vers. Observons que ces fosses chrétiennes qui renfermaient les cendres des martyrs condamnés au feu par les persécuteurs, n'avaient rien de commun avec ces puits abominables, où les payens jetaient pêle-mêle les cadavres méprisés des pauvres et des esclaves, pour s'épargner la peine de leur donner une honnête sépulture.

Le poème nous parle ensuite des compagnons de Saint Sixte, qui reposent auprès de lui. Six membres du clergé Romain, en effet, furent mis à mort, avec leur chef, dans le cimetière de Prétextat, deux seulement y reposèrent ; les autres, selon l'épigraphe de Saint Damase, furent déposés ici, auprès de leur Pontife.

Les Princes nombreux, sont évidemment les Papes du troisième siècle, qui presque tous furent ensevelis dans cette crypte.

Le Pontife qui vécut dans une longue paix, est le Pape Melchiade, le premier en effet qui ait gouverné l'Église après la fin des persécutions. Son

Pontificat ne fut que de trois ans; le poète pourtant le qualifie de long espace, en le rapportant à ce temps douloureux, hélas! où l'on n'avait pas un jour de repos assuré. Ce pape ne reposa point dans la crypte papale, mais dans une autre de l'*area* voisine.

Les confesseurs envoyés par le Grèce nous sont déjà connus: Hippolyte, Adrias, Maria, Néon et Pauline. Ils ne furent point ensevelis dans la crypte des Papes, mais dans l'arénaire voisin de Saint-Hippolyte. Cela suffit au poète pour les considérer comme présents au milieu des Saints Pontifes.

Quant aux autres martyrs, dont parle l'inscription damasienne, ces jeunes gens, ces vieillards, et cette chaste génération de vierges, leurs noms ne sont connus que du Tout-Puissant, selon l'expression du Pape Pascal 1er, mais rien ne reste d'eux sur la terre, pas même un souvenir historique.

Admirons de nouveau dans la phrase finale du petit poème, le respect du pieux Pontife pour les sépultures des Saints martyrs. Lui aussi eût voulu reposer près des Saints, comme tant d'autres, qui pour l'obtenir ne craignaient pas de violer leurs sépulcres; mais il ne le permit point. Pourtant il ne fut pas totalement privé de l'honneur d'être enseveli près de ses bienheureux prédécesseurs; car il eut sa sépulture au cimetière de Domitille, tout voisin de celui de Calixte, dans un mausolée qu'il s'était préparé pour lui-même, pour sa mère et sa sœur, près de la voie Ardéatine.

II.

L'inscription damasienne, si intéressante qu'elle soit, ne nous indique pas cependant quels furent les Papes ensevelis dans cette crypte. D'autres indices doivent nous le révéler.

Jusqu'à Zéphirin, qui créa le cimetière de l'Église, les Papes avaient été ensevelis au Vatican; il fut le premier déposé en ce lieu, par les soins de son diacre et successeur Saint Calixte. On n'a point retrouvé son épitaphe, ni l'emplacement de son sépulcre, mais les anciens documents témoignent assez de ce fait pour qu'il soit incontesté.

Saint Calixte, son successeur (218-223), qui donna son nom à ce cimetière, n'y fut pas déposé. Il périt dans un tumulte populaire. Des fenêtres de sa maison au Transtévère, il fut précipité dans un puits. Les Chrétiens qui en retirèrent son corps, le portèrent à la hâte dans le cimetière le plus voisin, celui de Saint-Calépode, sur la voie *Aurelia*.

Saint Urbain lui succéda (222-230). On l'a confondu à tort avec un autre Urbain, évêque, refugié à Rome, au temps de Sainte Cécile, et enterré au cimetière de Prétextat. Le pape Urbain, au contraire, comme le croit, avec raison, M. de Rossi, fut déposé au cimetière de Calixte; une inscription grecque, mutilée, d'un évêque Urbain, retrouvée sur le convercle d'un sarcophage, pourrait bien être celle de ce Saint Pontife.

Saint Pontien, élu en 230, fut déporté en Sardaigne. Il abdiqua la dignité pontificale en 235, et fut remplacé par Saint Antherus ou Anteros, l'année suivante. Anteros ne fut pape que quelques mois. Comme il recherchait avec zèle les actes des martyrs, dans les rapports officiels du Préfet de la Ville, il attira sur lui-même l'attention des persécuteurs et fut martyrisé. On le déposa dans la crypte papale où nous avons vu, que fut retrouvée, en 1854, l'inscription de son sépulcre [1].

Saint Pontien vécut encore quelque temps après Saint Anteros, dans son exil, où il périt sous les fouets et les verges : *afflictus, fustibus maceratus.* Sa dépouille mortelle fut solennellement rapportée de Sardaigne à Rome, avec l'approbation de l'empereur, comme l'exigeait la loi, par le pape Fabien, successeur d'Anteros. Saint Pontien fut donc déposé dans la crypte papale, à la suite d'Anteros, ce qui fit croire à quelques annalistes qu'il lui avait succédé.

Saint Fabien (236-250), l'une des premières victimes de Dèce, fut à son tour déposé dans le cimetière de Calixte. Sur l'inscription de ce Pontife, on lit : ΦABIANOC ЕПI MP ; c'est-à-dire *Fabianus, episcopus martyr* (Fabien, Évêque, Martyr).

Or le sigle MP, qui indique le martyre, est évidemment d'une autre main que le reste de l'inscription, et fut certainement apposé quelque temps après la *déposition.* Par quel motif ce retard fut-il

---

[1] Voir IIe Partie, Ch. III, p. 151.

apporté, pour un martyr des plus illustres de l'Église romaine? La raison n'est pas sans intérêt.

Une longue vacance de dix-huit mois suivit la mort de ce Saint Pontife. Or la discipline de l'Église, dès ces temps reculés, ne permettait pas que l'on décernât les honneurs d'un culte public à un martyr, sans une solennelle déclaration de son chef suprême [1]. La vacance du siège pontifical dut ainsi retarder le droit d'inscrire le titre officiel de martyr à la suite du nom et du titre d'évêque, qui furent seuls gravés le jour où fut placée l'inscription qui scellait le sépulcre.

Saint Corneille, qui succéda à Saint Fabien (250-253), ne fut pas enseveli à sa suite ; son tombeau est au cimetière de Lucine, où nous devons le retrouver.

Saint Lucius lui succéda (253-254). Son nom fut retrouvé en 1854. Il fut certainement déposé au cimetière de Calixte, l'on en a des témoignages historiques.

Quatre Papes se placent ensuite entre Lucius et Eutychien; ce sont Etienne (254-257), Sixte II (257-258), Denis (259-269) et Félix (269-274). Leurs noms, si l'on en excepte celui de Saint Sixte, comme nous le dirons plus loin, ne se sont point retrouvés dans les fragments recueillis aux fouilles

---

[1] Cet acte, dans le langage liturgique, s'appelait *vindicatio*, réclamation, comme pour témoigner que toute réclamation avait pu se produire, et que toute difficulté, s'il s'en était soulevée, avait été résolue.

de 1854, ni depuis. Il n'y a nul doute toutefois qu'ils n'aient été déposés au cimetière de Calixte; les anciens documents en font foi.

Pour Saint Sixte, en particulier, chacun sait que la chapelle papale était appelée de son nom, au siècle des pèlerinages, aussi bien que la petite basilique élevée au-dessus de terre, laquelle portait aussi celui de Sainte Cécile. Sa mort si glorieuse et si dramatique, lui avait valu l'honneur de devenir comme le héros des Catacombes.

Elle arriva sous les empereurs Valérien et Gallien. Ces empereurs avaient publié un édit pour défendre aux Chrétiens de se rassembler dans leurs cimetières. Or, le 6 Août de l'an 258, le Pontife célébrait les Saints Mystères dans le cimetière de Prétextat. Peut-être ce cimetière privé était-il moins surveillé que celui de l'Église. Soit trahison, soit surprise, la réunion fut découverte, et des soldats payens firent irruption dans le sanctuaire, pendant que l'Évêque adressait la parole aux fidèles. Conduiit de là dans Rome, avec six diacres et sous-diacres de son clergé, Sixte fut jugé et condamné à être puni par le glaive, au lieu même de sa généreuse désobéissance.

Ramené avec ses clercs au cimetière de Prétextat, il fut rejoint dans la route, comme on sait, par un autre de ses diacres, qui ne s'était pas trouvé le matin avec lui. Laurent tout en larmes se pressait sur ses pas et lui criait avec douleur: " Père, où "vas-tu sans ton fils? Où vas-tu, ô prêtre, sans "ton diacre? " La réponse combla les désirs du courageux diacre; et, trois jours après, Laurent avait soutenu un glorieux combat et rejoint son Père et Pontife.

On décapita Saint Sixte sur sa chaire Pontificale, qui fut tout arrosée de son sang. Les six clercs ayant été frappés avec lui, les diacres Félicissime et Agapit furent ensevelis au cimetière de Prétextat; mais Saint Sixte et ses autres compagnons furent transportés au cimetière de Calixte auprès des autres Pontifes. La glorieuse chaire, où il avait confessé le Christ, y fut aussi placée.

Saint Damase a chanté ce glorieux martyre dans un petit poème, gravé sur une table de marbre, qui ornait son sépulcre [1].

Après Saint Eutychien (275-282), Saint Caius (282-290) fut également déposé au cimetière de Calixte, comme l'indiquent d'anciens documents. Plus tard, dans un autre endroit, nous trouverons une belle inscription qui concerne la première déposition de ce Saint Pontife. Mais ni Saint Marcellin (290-303), ni Saint Marcel (303-309), ne furent réunis à leurs prédécesseurs. Ce fut le cimetière de Priscille, sur la voie Salaria, qui s'enrichit de leur dépouille. La persécution de

---

[1] Nous avons suivi l'opinion commune en plaçant le lieu du martyre de Saint Sixte au cimetière de Prétextat, mais des indices sérieux paraîtraient incliner l'opinion des savants en faveur du cimetière même de Calixte. Nous attendons que la lumière se fasse complète sur ce point important.

Dioclétien, ayant forcé les Chrétiens à rendre impraticable l'accès de leurs cimetières, avant qu'ils tombassent en des mains impies qui les auraient profanés, les abords de la crypte des Papes étaient devenus inaccessibles. C'est pourquoi ces deux papes durent recevoir ailleurs leur sépulture.

Saint Eusèbe (310-311) et Saint Melchiade (311-314), qui vinrent à leur suite, ne purent eux-mêmes reposer en cette crypte, malgré que les cimetières eussent été rendus par Maxence à l'Église.

Saint Eusèbe, qui eut à soutenir la discipline de l'Église contre les révoltes des apostats, s'attira par ce fait les rigueurs de Maxence, et fut par lui exilé en Sicile. Il y mourut, et, la persécution finie, son corps fut rapporté à Rome et enseveli au cimetière de Calixte, mais dans une autre crypte, que plus tard nous aurons à visiter.

Saint Melchiade, le premier pape mort en paix, fut le dernier enseveli au cimetière de Calixte, mais dans une autre crypte, peu distante de celle de Saint-Eusèbe, que nous retrouverons plus tard pareillement.

Outre les illustres Pontifes déposés près de Saint Sixte, une foule d'autres martyrs, selon l'inscription damasienne, reposèrent aussi dans le même lieu.

Une autre inscription avait été placée dans cette même crypte par le Pape Sixte III, dit le *Liber Pontificalis*. Elle a péri de la main des dévastateurs des Catacombes; mais, grâce à M. de Rossi, elle a pu être recomposée sur divers indices historiques, et nous faire connaître les Évêques martyrs, qui avaient reçu une place d'honneur auprès des Papes, dont elle rappelle aussi les noms. C'étaient des Évêques, venus à Rome momentanément, soit pour y trouver un refuge, soit pour quelqu'autre motif, et qui durant leur séjour y obtinrent le martyre. Leur dignité et leur mort glorieuse leur a mérité de partager la sépulture des Pontifes Romains.

Que cette crypte célèbre est donc vénérable et digne de respect! Et quel tribut d'actions de grâces nous avons à payer à ceux qui l'ont rendue à notre piété!

CHAPITRE SIXIÈME.

La Crypte de Sainte-Cécile.

A gauche de l'autel, dans la chambre des Papes, se voit un étroit passage taillé dans le roc. Il fut jadis orné de marbres, aujourd'hui il est tout dépouillé et ruiné. Il nous introduit dans une chambre voisine: c'est la crypte de Sainte-Cécile.

Cette chambre est plus vaste que la précédente, elle mesure six mètres de long sur cinq de large environ; un grand et haut lucernaire lui envoie de la lumière en abondance. L'une des parois de cette ouverture est ornée de fresques. Ce sont trois personnages d'abord, peints à côté les uns des autres; leurs noms sont écrits au-dessus de leurs têtes. Le premier est Policamus, un martyr, car une palme s'élève de terre à côté de lui; on sait qu'il fut enseveli près de Sainte Cécile, mais on n'a pu retrouver en quel endroit. Le second est Sébastien, le martyr célèbre du cimetière *ad Catacumbas*. Le troisième personnage, Quirinus, est aussi de ce même lieu de sépulture. Quirinus est un évêque, on le reconnaît à la couronne de ses cheveux. Il était évêque de Sciscia, en Illyrie; ses restes furent apportés à Rome, en 420, quand les barbares ravagèrent ce pays; on les déposa dans les Catacombes de

Saint-Sébastien. Ce serait donc la seule piété des fidèles qui aurait fait peindre ces images de martyrs célèbres dans la crypte de Sainte-Cécile, où l'on vénérait leur mémoire.

Au-dessus de ces trois personnages, on voit encore, dans un encadrement, l'image d'une croix latine entre deux brebis, et plus haut, une femme dans l'attitude de la prière. Mais aujourd'hui ces peintures sont presque effacées ; on reconnaît cependant qu'elles sont du quatrième ou du cinquième siècle.

D'autres peintures, mieux conservées que les précédentes ornent la muraille qui sépare cette chambre de celle des Papes. La première, qui est aussi la plus élevée, est le portrait d'une jeune femme richement parée, entourée de fleurs de roses qui sortent de terre à ses pieds. C'est l'image de Sainte Cécile évidemment, car dans ces lieux, elle seule partagea les honneurs avec les Papes. Dans ce portrait l'on reconnaît le genre du septième siècle.

Plus bas, dans une niche légèrement creusée, pour recevoir la lampe qui brûlait devant le tombeau de la martyre, est peinte, en style byzantin, une grande image du buste du Sauveur. La tête est environnée de rayons qui forment une croix grecque lumineuse.

Enfin dans un encadrement noir, à côté de l'image du Sauveur, est le portrait en pied d'un évêque dont le nom est écrit en ligne verticale : S. VRBANVS. Ces deux portraits sont peut-être postérieurs à la translation des reliques de la sainte martyre, ils témoignent de la piété persistante des fidèles pour le lieu vénérable où elle avait si longtemps reposé.

Toutes ces décorations n'étaient pas, on le voit, de la première époque de la crypte; mais il reste peu de chose de celles de temps plus anciens. On remarque cependant que l'image de la Sainte fut tracée sur une mosaïque, dont on aperçoit encore, au bas du tableau, deux rangées de cubes blancs, bleus et verdâtres. La niche, d'autre part, laisse voir la trace d'un riche revêtement de porphyre. Ainsi tout annonce la célébrité de cette crypte pendant les âges successifs des pieux pèlerinages aux Catacombes.

C'est dans la grande excavation située à droite de cette paroi ornée de peintures, que le corps de la glorieuse martyre reposa pendant près de sept siècles, dans un sarcophage.

Cécile, subit le martyre sous les empereurs Marc-Aurèle et Commode (161-180), qui furent si acharnés contre les Chrétiens. Elle était de famille libre, noble et sénatoriale, et avait été élevée dans la religion du Christ dès son enfance. Elle lui avait voué sa virginité. Mais son père, qui probablement était payen, l'avait destinée à un noble patricien, auquel il la maria. Cécile ayant trouvé dans son époux Valérien, un noble cœur capable de la comprendre, lui tint un langage qui le toucha. Elle l'adressa à l'évêque Urbain, pour qu'il en reçût la lumière de la foi. Urbain, qui n'était point l'évêque de Rome, selon ce que nous avons dit plus haut, puisque le pape de ce nom vivait un demi-siècle plus tard, mais un évêque réfugié à Rome vers ce temps, fit de Valérien un chrétien fervent, ainsi que de son frère Tiburce.

Ces deux néophytes furent victimes des tyrans avant Cécile. Ils eurent pour compagnon de martyre l'officier Maxime, qui présidait à leur supplice et qui fut touché de leur miraculeuse constance.

Cécile à son tour fut dénoncée au préfet de Rome, Amachius. Celui-ci, à cause de la noble naissance de la jeune femme, voulut qu'elle pérît dans son propre palais. Il ordonna qu'elle fût étouffée dans son *caldarium*, ou chambre de bains, qu'il ordonna de chauffer sept fois plus que de coutume. Mais l'ardeur de la fournaise ayant été sans effet, l'impitoyable préfet envoya un de ses licteurs pour lui trancher la tête. Trois fois la hache du bourreau s'abattit sur le cou délicat de la vierge, et trois fois elle fut impuissante à le trancher. La vue d'une victime si jeune et si noble l'avait peut-être attendri, ou peut-être une force surnaturelle avait retenu sa main. Il n'acheva point son œuvre, car la loi ne permettait pas à l'exécuteur de frapper plus de trois fois.

Cécile respirait encore, malgré le sang qui s'échappait en abondance des plaies béantes de son cou. Les Chrétiens l'entouraient de leurs soins pieux, et durant deux jours et deux nuits elle conversa avec eux, attendant l'évêque Urbain, qui sans doute ne pouvait parvenir jusqu'à elle facilement.

Il vint toutefois le troisième jour; et, quand il eut reçu le don que Cécile lui fit des pauvres qu'elle avait nourris et de sa maison qu'elle consacra à l'Église, la sainte martyre, ayant tourné sa face vers le sol, et laissant doucement glisser ses bras et ses mains jointes vers son côté droit, expira sous ses yeux.

Le corps de Cécile fut placé dans un cercueil de bois de cyprès; on lui conserva l'attitude qu'il avait prise en mourant. Urbain et les diacres le portèrent secrètement hors de la ville, dans l'*area* des *Cæcilii*, qui n'était pas encore le cimetière de Calixte.

Quand, plus tard, cette *area* fut donnée à l'Église, la crypte où reposait la glorieuse martyre dut être réservée à la sépulture des Papes, et l'on creusa tout à côté celle où nous reconnaissons maintenant les traces de sa longue sépulture.

Elle y demeura en effet jusqu'au temps du Pape Pascal 1er en 817.

A cette époque, ce Pontife, faisant transporter un grand nombre de corps des saints martyrs dans les églises de Rome, voulait aussi enlever les reliques de la vierge Cécile; mais il ne put les retrouver. Les dévastations avaient été telles que les recherches furent infructueuses. Le Pape se persuada que le farouche Astolphe, roi des Lombards, les avait enlevées comme tant d'autres.

Or, raconte lui-même le pieux Pontife, quatre

ans après qu'il eut enlevé les reliques des Papes, comme il était assis sur son trône, dans la basilique Vaticane, il s'était doucement assoupi au chant des mélodies matutinales. Cécile lui apparut et lui dit:

" Pendant que vous enleviez de leurs tombes " les ossements des Papes, j'étais si près de vous " que nous aurions pu converser bouche à bouche. "

A la suite de cette vision, le Pape recommença ses recherches et retrouva le corps de la Sainte, à l'endroit indiqué, où une mince cloisin séparait son sarcophage de la crypte voisine. Le corps fut trouvé intact, presque comme au jour de la sépulture.

La martyre portait des vêtements tissus d'or; des linges tachés de sang étaient roulés à ses pieds. Elle était couchée sur le côté dans un cercueil en bois de cyprès.

Pascal transporta la précieuse dépouille, sans rien changer, dans l'église élevée en son honneur, au Transtévère, sur l'emplacement de sa propre maison, qu'elle avait donnée à l'Église. Il jeta un voile de gaze de soie sur le corps; il orna le cercueil de franges de soie, et le déposa sous le maître-autel, dans un sarcophage de marbre blanc, peut-être celui-là même où elle avait reposé depuis son martyre.

Huit cents ans plus tard, en 1599, le cardinal Sfondrati, du titre de Sainte-Cécile fit exécuter des travaux considérables dans cette église. On découvrit sous l'autel, dans un caveau, deux sarcophages. L'un contenait le glorieux corps de Sainte Cécile. Le cercueil en bois de cyprès, la gaze de soie, les étoffes précieuses, tout se retrouvait intact. Quand le pieux Cardinal souleva doucement les voiles qui couvraient le visage, la vierge apparut dans la même attitude, où l'évêque Urbain l'avait déposée, où le Pape Pascal 1er l'avait revue, huit siècles auparavant.

Pendant quatre ou cinq semaines, Rome tout entière put venir la contempler et l'admirer. Le célèbre Maderno voulut en reproduire l'image par cette admirable statue de marbre blanc, si semblable au pur modèle que ses yeux avaient pu regarder si longtemps et à loisir. Enfin, le Pape Clément VIII voulut présider lui-même, au jour de la fête de Sainte Cécile, le 22 novembre, à la nouvelle déposition qui fut faite de ce corps virginal, si extraordinairement glorifié par le divin époux.

Le second sarcophage, d'après la tradition, devait renfermer les corps des Saints Valérien, Tiburce et Maxime, transportés du cimetière de Prétextat à l'église du Transtévère, où la glorieuse vierge reposait. Il contenait en effet trois corps. Les deux premiers étaient de deux personnages de même âge et de même taille, qui avaient été l'un et l'autre décapités ; c'étaient bien les deux frères Valérien et Tiburce, époux et beau frère, ou mieux frères tous deux de la vierge Cécile. Le troisième avait le crâne rompu et brisé ; sa longue chevelure était tout imprégnée de sang ; c'était le corps de Maxime, mis à mort sous les coups de ces cruelles *plumbatæ*, dont on a retrouvé quelques spécimens dans le cimetière de Saint-Calixte.

Ainsi se renoue de loin en loin la chaîne de la tradition, pour empêcher le doute sur la conservation des précieux restes des glorieux martyrs, qui tiennent une si grande place dans les annales de la primitive Église.

CHAPITRE SEPTIÈME.

Les Galeries du Cimetière de Calixte.
Galerie des Sacrements.

Le second plan, ou étage, de la première *area* du cimetière de Saint-Calixte, l'*area* des *Cæcilii*, est de forme très régulière [1]. Deux ambulacres, A et B, la limitent au sud et au nord, en suivant les confins à fleur de terre; ils sont réunis au couchant par un troisième C, qui suit pareillement la limite extérieure de ce côté. C'est aux extrémités de A et de B qu'étaient les deux escaliers primitifs, mis hors de service à la persécution de Dioclétien; ils n'ont pas été rétablis. Six galeries transversales, à peu près parallèles à C, et par suite perpendiculaires aux grands ambulacres A et B, relient ces deux galeries principales. Elles sont désignées par D, E, F, G, H, I, sur le plan. La galerie E ne rejoint point l'ambulacre B.

C'est dans le grand espace compris entre la dernière galerie I et la limite orientale de l'*area*, que l'on a creusé les cryptes des Papes et de Sainte Cécile, et le *cubiculum*, dit d'Orphée, que nous avons déjà visités; c'est là aussi qu'a été établi l'escalier nouveau de Saint Damase, et que furent creusés quelques autres *cubicula* qui ne nous offrent pas assez d'intérêt pour nous retenir.

---

[1] Voir le plan n° I.

Tel est ce plan, fort simple comme on voit, dont nous allons parcourir les principales voies, en partant de la cripte de Sainte-Cécile, où nous nous sommes arrêtés, et en finissant par la visite des *cubicula* intéressants de l'ambulacre A, que l'on connaît sous le nom de *galerie des Sacrements*.

I.

Au fond de la cripte de Sainte-Cécile à l'angle de droite, opposé à la porte par laquelle nous sommes entrés, est une ouverture irrégulière, provenant de la ruine de la paroi, très mince en cet endroit, de la galerie I, qui l'avoisine.

C'est par cette ruine que nous entrons dans cette galerie. Tout près, sur la gauche, nous apercevons, à un mètre de hauteur, l'ouverture d'une autre galerie plus élevée. Cette nouvelle voie appartient au premier étage; mais elle est isolée, irrégulière, et n'offre rien qui soit digne d'intérêt. Tout le premier étage, du reste, d'un faible développement, n'appelle pas assez notre attention, pour que nous ayons à le visiter.

En poursuivant notre route dans la galerie I, où nous sommes entrés, nous voyons à droite et à gauche, des *loculi* sans nombre, qui s'étagent les uns au-dessus des autres et garnissent les deux parois dans toute leur surface. C'est le spectacle d'ailleurs que nous retrouverons partout dans les autres galeries que nous devons parcourir.

Ces sépulcres sont vides et plus ou moins dégradés; dans un grand nombre on voit encore des débris de leurs anciennes épitaphes.

II.

Nous parvenons au grand ambulacre B, étroit encore, mais plus large que les galeries secondaires. Il est très élevé, et dans une grande partie de son étendue il embrasse parfois la hauteur de deux étages. Si nous le suivons quelques pas à gauche, nous trouvons une galerie, 5, qui sort de l'*area* pour conduire dans un arénaire. Le visiteur curieux de se rendre compte par ses propres yeux de ce qu'étaient ces anciennes carrières de pouzzolane, exploitées par les Romains, et utilisées par les Chrétiens aux jours des persécutions, peut hasarder quelques pas en avant, pour revenir ensuite par la même voie dans le cimetière de Calixte.

Cette curiosité satisfaite, nous reprenons la voie B, pour la suivre vers le couchant. Nous passons devant la galerie I, par laquelle nous sommes venus de la crypte de Sainte-Cécile, et nous rencontrons la galerie H, où nous faisons quelques pas. Là est l'entrée d'un escalier que les fossoyeurs avaient ouvert pour descendre à un étage inférieur et y creuser un nouveau cimetière au-dessous du premier. Mais ils furent trompés dans leur attente. A mesure qu'ils descendaient plus bas, la roche était de moins en moins consistante, et ils rencontrèrent bientôt une couche de pouzzolane, qu'il leur fallut abandonner. On a donc ici, sous les yeux, un accident curieux de l'histoire des Catacombes.

En ce même endroit, sur la gauche, est un petit *cubiculum*, avec deux niches arquées, les seules que l'on rencontre parmi les excavations de cette area. C'est une preuve qu'il fut ouvert à une époque plus récente que les premiers travaux.

Nous revenons à l'ambulacre, et un peu plus loin nous avons l'entrée de la galerie G à notre droite. Il s'y trouve un grand sépulcre à *mensa* [1], au fond duquel on voit encore les ossements d'un squelette fort bien conservé.

Dans la galerie transversale suivante F, se voit un puits très profond d'où l'on tire encore aujourd'hui une eau excellente et abondante, du haut de la surface du sol. On pourrait y descendre par le moyen de deux rangées de trous dans lesquels un homme devait alternativement poser ses pieds.

En reprenant notre route dans l'ambulacre, nous trouvons une cinquième galerie D, qui renfermait de nombreuses inscriptions grecques, quand, en 1863, elle fut explorée. On y trouve encore de nombreux et beaux débris.

Enfin nous sommes parvenus à l'extrémité de l'*area*, où nous voyons, à l'angle des ambulacres B et C, une galerie qui conduit au cimetière de Sainte-Sotère, où nous ne devons pas maintenant pénétrer.

---

[1] Cette sorte de sépulcres étaient fermés par une table de marbre, et un grand vide, de forme rectangulaire, restait au-dessus du tombeau.

III.

Par la voie C nous parvenons dans l'ambulacre A, du côté nord, c'est-à-dire dans la Galerie des Sacraments. Avant d'arriver aux chambres curieuses, qui lui ont valu ce nom, nous trouvons, après la galerie D, la galerie E, qui s'ouvre ici, mais ne va point déboucher dans l'ambulacre du midi.

Un peu plus loin, nous avons successivement, sur la gauche, une série de chambres 6, 7, 8, 9, 10, qui sont décorées de remarquables peintures symboliques représentant les principaux sacrements, comme nous l'avons expliqué dans notre première partie, au *Chap. XXII*.

Les plus anciens de ces *cubicula* furent creusés et ornés avant la fin du second siècle, les plus récents sont du commencement du troisième. Ils ont tous les mêmes sujets, presque disposés de la même manière; mais dans plusieurs les dévastations n'en ont plus laissé que quelques traces. Les chambres les mieux conservées sont 8 et 9, elles sont aussi les plus anciennes, nous devons les visiter.

A gauche de l'entrée de la chambre 8, est peinte la figure du Moïse mystique frappant le rocher, d'où l'eau s'échappe abondante. Du même côté, sur la muraille, se voit un homme assis qui pêche des poissons, tandis qu'un autre personnage, debout, baptise un enfant dans le même cours d'eau; un peu plus loin, c'est le paralytique emportant son grabat sur ses épaules. A droite et à gauche de ces scènes, voltigent de petits oiseaux. Ces peintures sont placées dans l'intervalle de deux *loculi*. Au-dessus du *loculus* supérieur est représentée la scène de Jonas précipité dans la mer et du monstre marin qui accourt pour le dévorer.

En face de la porte, sur la paroi du fond, sont peints trois autres sujets. A gauche est un trépied, sur lequel sont posés un pain et un poisson. Un personnage vêtu du pallium étend la main droite au-dessus des offrandes, dans l'attitude du prêtre qui consacre sur un autel chrétien, tandis qu'une femme, les bras étendus, semble prier à côté de lui. La seconde scène, au milieu, représente le repas des sept disciples du lac de Tibériade; on voit devant eux, sur la table, le pain et le poisson, et à leurs pieds huit corbeilles de pains, abondamment remplies. La troisième scène, enfin, à droite, rappelle Abraham au moment où il s'apprête à sacrifier son fils Isaac qui est près de lui; à côté sont le bois et le bélier qui serviront au sacrifice. A droite et à gauche de cet ensemble, deux *fossores* se tiennent debout, armés des instruments de leur travail.

Ces trois scènes sont peintes, comme les précédentes, dans l'intervalle de deux sépulcres. Au-dessus du *loculus* supérieur voltigent des oiseaux de chaque côté de Jonas tristement assis aux ardeurs du soleil, dont la cucurbite desséchée ne peut plus le protéger.

La fresque qui ornait la paroi de droite est toute ruinée et ne peut plus se reconnaître; il est probable qu'elle était la même que celle du *cubiculum* 9, que nous retrouverons dans un instant. Dans le haut, au-dessus du *loculus*, c'est encore la scène de Jonas qui se représente. Ici le monstre marin le vomit sur la plage; or Jonas, vomi par le monstre qui l'avait englouti, c'est le symbole de la résurrection.

Enfin, sur la petite paroi qui est à droite de la porte, on voit l'image d'un homme [1] qui tire de l'eau d'un puits et la fait couler tout autour en abondance. Au-dessus de lui, un autre personnage assis semble lire sur une longue feuille qu'il déroule entre ses mains. Or d'après Origène, le puits est l'emblème des eaux spirituelles, que le docteur chrétien puise aux profondeurs des Écritures, pour l'instruction des fidèles: cette eau vive qui rejaillit jusqu'à la vie éternelle. Quant aux autres scènes, nous les connaissons, nous les avons assez amplement expliquées au *Ch. XXII* de la *1ère Partie*, pour n'avoir point à y revenir ici.

Le plafond de cette chambre était aussi décoré; on y remarque encore la figure d'un bon Pasteur, au centre, puis des oiseaux et des ornements divers, qui malheureusement sont tout noircis par la fumée que les visiteurs ne leur ont pas épargnée.

Dans la chambre suivante 9, nous retrouvons exactement les sujets que nous venons de voir au *cubiculum* précédent. Mais ici la paroi de droite

---

[1] Certains archéologues veulent voir ici l'image de la Samaritaine.

est assez bien conservée, et nous y trouvons la scène de Lazare ressuscité, qui complète le symbolisme des sacrements, représentés dans toutes ces chambres. Car les trois précédentes que nous n'avons pas visitées, parce qu'elles sont trop en ruine nous eussent offert les mêmes tableaux, les mêmes symboles, une même pensée. Il est évident que la main de l'artiste ne s'est point abandonnée à une inspiration spontanée dans l'exécution de ce travail; comme ce n'est point par une pure fantaisie de l'imagination qu'elle a choisi ces symboles, dont la haute signification théologique ne peut être constestée. Évidemment l'inspirateur et le guide de l'artiste était celui-là même qui avait le devoir d'enseigner.

Il est à peine besoin de dire que ces chambres, pour avoir toutes retracé les mêmes scènes symboliques, offraient cependant de légères différences, soit dans la disposition des sujets, soit dans quelques ornements accessoires. Ainsi la chambre 9 nous présente un symbole particulier que nous ne pouvons passer sous silence, c'est la figure d'un poisson étendu sur un trident. Cette image est sur la paroi de droite, à côté de la scène de la résurrection de Lazare. On y reconnaît indubitablement l'image du Christ sur la croix; car le poisson, c'est le Christ, et le trident, c'est l'une de ces images déguisées de la croix, que les Chrétiens avaient coutume d'employer.

CHAPITRE HUITIÈME.

La Crypte et l'Area de Saint-Melchiade.

Nous avons parcouru toute l'*area* de Sainte-Cécile, et admiré les riches trésors qu'elle renferme. Nous voici revenus presque à notre point de départ, tout près de la crypte des Papes, à l'extrémité de la galerie L qui nous y a conduits, et qui rejoint le grand ambulacre A, la galerie des sacrements, que nous venons de visiter. Pour parvenir au point de jonction de ces deux voies, il faut, de l'une et de l'autre, monter quelques escaliers.

I.

De ce point, remarquons, à l'extrémité de A, l'escalier primitif, ruiné au temps de Dioclétien, et qu'on a laissé en cet état, pour être un témoignage permanent de l'histoire des Catacombes à cette triste époque.

A notre gauche, nous trouvons une dernière chambre, 10, de l'*area* de Sainte-Cécile; elle est devenue comme le vestibule de la seconde *area* du cimetière de Calixte. C'est à l'angle de gauche, au fond de cette chambre, qu'est l'entrée du nouvel hypogée.

L'excavation de cette seconde partie du cimetière de Calixte, tout en portant le nom de ce célèbre archidiacre de Saint Zephirin, n'est point pourtant son œuvre. Tout démontre qu'elle est du milieu du troisième siècle, et qu'elle est due à la sollicitude du pape Fabien.

La galerie *a*, dans laquelle on entre en sortant du *cubiculum* 10, est assurément la plus importante de l'hypogée. Elle le traverse du sud au nord, et le partage à peu près en deux parties égales. Elle est large, élevée, éclairée par plusieurs lucernaires, garnie de chambres nombreuses, mais elle n'a pas la régularité rectiligne des autres voies que nous avons parcourues jusqu'ici. Nous devons observer que les lucernaires ne sont pas contemporains de l'ouverture de la galerie, car on retrouve partout dans le tuf, aux angles des *loculi*, de petites cavités où l'on plaçait des lampes pour éclairer le souterrain. Ce fait se reproduit dans toutes les galeries de l'*area*.

Après avoir fait quelques pas dans cette galerie *a*, nous trouvons une première chambre 1, qui est toute ruinée, et n'a rien de remarquable. Mais c'est en face de cette chambre que s'ouvre une longue galerie *o*, d'une grande importance par l'étendue de son parcours. Non-seulement elle traverse toute la présente *arca*, de l'est à l'ouest, mais elle parcourt également, en ligne droite, toute l'*area* de Saint-Eusèbe, et les deux plus anciennes *areæ* du cimetière de Sainte-Sotère.

A son origine, elle passe au-dessous de la *cella memoriæ, aux trois absides*, c'est-à-dire la basilique supérieure de Saint-Sixte et Sainte-Cécile. Nous ne devons point y entrer, dans ce moment; mais par la suite nous la retrouverons plusieurs fois dans le cours de notre visite.

En poursuivant la voie *a* nous arrivons sous un lucernaire, où s'ouvrent deux voies transversales, l'une à gauche, l'autre à droite.

La voie de droite *b* conduisait autrefois dans cette partie du cimetière de Calixte, que nous appelons le *labyrinthe;* mais aujourd'hui, à l'extrémité de l'*arca* de Saint-Melchiade, elle est toute remplie de terre et ne peut plus être pratiquée. Toutefois, comme elle renferme un *arcosolium,* 2, intéressant, vers son extrémité, nous pouvons nous y engager jusqu'à ce point.

II.

L'*arcosolium* 2 conserve encore des peintures symboliques du troisième siècle. Sur le fond de la lunette, que deux *loculi* plus récents ont fort endommagée, était peint le bon Pasteur entre deux arbres; de sa main gauche il soutenait une brebis sur ses épaules, et de sa droite il tenait le *syrinx*[1]. A la voûte de l'arc, une orante occupe le disque central; Jonas, solitaire, couché sous la cucurbite, est peint sur la droite dans un demi-cercle; tandis qu'à gauche on voit Daniel dans la fosse aux lions, les bras ouverts pour prier. De gracieux oiseaux ornent les intervalles qui séparent ces scènes diverses. Nous avons dit au *Ch. XX* de la *1ère Partie,* pourquoi les Chrétiens aimaient

---

[1] C'est l'instrument de musique cher aux bergers.

à représenter souvent ces scènes bibliques dans leurs sépulcres.

La galerie de gauche *f* conduit à un escalier qui descend à l'étage inférieur, le troisième de l'*area*. Mais il ne se trouve rien de remarquable à cet étage qui nous invite à y descendre.

Au contraire, si nous poursuivons notre route dans la galerie *a*, nous trouvons, après quelques pas, un nouvel *arcosolium*, 3, tout orné de fresques, hélas! bien endommagées. Il n'y avait point là de peintures symboliques, ce n'étaient que des ornements. On y voit aussi une tablette de marbre sur laquelle est gravée l'image d'une personne à laquelle une colombe apporte un rameau d'olivier, puis à coté est le simple mot ЄIPHNH [1]. C'était l'image et le nom de la jeune fille ensevelie sous ce marbre (*Irène ou Irénée*).

Le symbolisme de cette épitaphe est facile à comprendre. Pour des chrétiens, le tombeau, c'est le repos, c'est la paix dans une vie meilleure; et non pas, comme pour tant d'autres, la désolation du néant. La même idée se trouve encore reproduite sur un autre marbre qui gît en cet endroit. Une inscription porte ces mots: LAODIEIES ET FILIORVM (probablement LAODICIES); puis vient immédiatement une colombe portant un rameau d'olivier. On voit comme les premiers Chrétiens aimaient à se reposer dans cette douce attente de la paix éternelle. C'est à chaque pas

---

[1] Εἰρήνη veut dire *paix*.

que nous retrouverons la même pensée dans les Catacombes, c'est pourquoi nous insistons sur ce sujet, pour n'avoir plus à le rappeler.

III.

En quittant cet *arcosolium*, nous trouvons à quelques pas plus loin, à droite et à gauche de la voie, les deux chambres 4 et 5 éclairées par un même lucernaire; ce sont les principales de toute l'*area*. Nous sommes évidemment à l'un de ces lieux de réunions secrètes, que l'on avait ménagés pour les temps de persécution; et l'on reconnaît qu'ils furent ouverts vers la seconde moitié du troisième siècle. La chambre de gauche, 5, conserve encore ces bancs taillés dans le tuf, de chaque côté de l'autel, dont nous avons déjà signalé l'existence et l'usage [1]. Au fond de la cripte était certainement la place de la chaire du Pontife derrière l'autel, mais on n'en voit plus la trace. La chambre 4, qui était en face, avec quatre autres, 6, 7, 8 et 9, placées un peu plus loin, de chaque côté de l'ambulacre, et une dernière à l'extrémité, en dehors de l'*area*, recevaient les fidèles en plus grand nombre possible. Des lucernaires les éclairaient d'en haut. Toutes ces constructions souterraines font renaître sous nos yeux la vie des Chrétiens de ces temps antiques; ce-

---

[1] Voir 1ère Partie, Ch. XIII, p. 61 et 62.

pendant elles ne se rapportent pas toutes à l'époque des dernières persécutions; il y en eut qui furent ouvertes au temps de la paix, car on sait qu'alors les réunions, dans les Catacombes, furent encore plus nombreuses et plus fréquentes que dans les temps troublés, ce qui exigea de nouveaux agrandissements.

Les peintures qui ornèrent ces chambres étaient assez simples. Dans la principale, 5, on voit à la voûte la scène de la résurrection de Lazare au milieu d'autres ornements variés, mais sans aucun caractère de symbolisme. Dans la chambre 4 sont peintes les figures des saisons, dont deux seules, le printemps et l'été, restent intactes. Des fleurs, des fruits, des oiseaux, des poissons, et la figure du monstre qui vomit Jonas, ornent la voûte.

Les parois de la chambre principale et les sièges taillés à leur base étaient revêtus de marbre, elles en conservent encore des restes, par places. Dans le principe, aucun sépulcre ne fut creusé dans ces parois; mais il y en eut sous le pavé; on en voit un conservant encore un fragment de la table de marbre qui le recouvrait; on y lit ces mots: PAVLVS EXORCISTA DEP MARTYRIES (*Paul exorciste. Déposition de Martyria*). L'un des deux personnages ensevelis en cet endroit était un exorciste; il est assez rare que ce titre soit indiqué sur les tombeaux.

Mais cette chambre vénérable a d'autres titres plus importants à notre respect et à notre pieuse curiosité. Tout nous indique qu'elle a recueilli les restes précieux du Pape Melchiade, ou Miltiade. le premier qui soit mort dans la paix, et non point sous le glaive de la persécution. Ce fut aussi le dernier enseveli au cimetière de Calixte, non dans la chambre des Papes, mais *in crypta*, dans une crypte particulière, comme le rapporte le *Liber Pontificalis*. Une niche profonde fut creusée au fond de la chambre, pour recevoir un immense et magnifique sarcophage, qui contenait le restes du Saint Pontife. Les grandes dimensions de ce monument obligèrent à le descendre par le lucernaire.

Le couvercle seul de ce sarcophage nous a été conservé, on le voit encore à sa place primitive, attestant et la grandeur et la beauté du tombeau tout entier. Observons aussi que le travail nécessité en cette circonstance témoigne d'autre part de l'ère de paix où l'on devait être entré pour avoir osé l'entreprendre. Ce fait concorde admirablement avec l'époque de la mort du pape Melchiade, arrivée dans la paix, selon la parole de Saint Damase.

La sépulture du Pape Melchiade en cette crypte, les honneurs dont elle fut l'objet à l'âge de la paix, son importance par conséquent sur toutes les autres cryptes de cette *area* ont engagé les modernes à la distinguer par le nom de ce saint Pontife, non point que cette dénomination se retrouve dans aucun monument de l'antiquité, mais pour restituer à cet hypogée quelque chose de l'honneur et du lustre dont le temps l'avait injustement dépouillé.

IV.

Au delà de la crypte de Saint-Melchiade, nous ne trouvons guère que des ruines et des débris. La chambre 8 mérite cependant de nous arrêter un instant, pour y lire sur le front de son *arcosolium* principal, du côté gauche, le célèbre graffite du nom de *Sofronia*, écrit ici pour la troisième et dernière fois [1]. C'est donc en ce lieu que finissait la partie du cimetière de Calixte que les travaux de Saint Damase avaient restituée à la piété des fidèles et que l'on pouvait facilement visiter.

Parvenus à l'extrémité de la voie *a*, si riche en souvenirs, nous avons devant nous, à droite, 10, une nouvelle galerie qui nous conduirait à la crypte de Saint-Corneille, au cimetière de Lucine. Mais nous ne la suivrons point, nous remettons à plus tard le soin de descendre dans ce célèbre hypogée par son entrée naturelle et directe, qui n'est point celle-ci. Actuellement nous nous engageons à gauche, dans un large passage *c*, que des constructions solides préservent d'une ruine complète dont il était fort menacé.

Il est bon d'observer que toutes les ruines que nous apercevons, dans les parois des chambres ou des galeries souterraines ne sont pas entièrement le fait des dévastations des barbares, ou d'autres

---

[1] Voir 1re Partie, Ch. XXVI, p. 91.

explorateurs. Le tuf dans lequel les *fossores* chrétiens ouvraient ces voies et ces sépulcres, pour être facile à travailler, n'offrait pas toutefois une parfaite résistance. Il n'est donc pas étonnant, qu'avec tant de siècles écoulés, sous l'influence de l'air et de l'humidité, la roche se soit désagrégée dans les parties où elle était moins solide, et que tant de ruines se soient produites là, où l'on n'a pu y remédier par quelque construction. On comprend aussi pourquoi les *fossores*, tout en choisissant le *tuf granulaire*, qui n'était point trop dur à travailler, ménageaient les excavations et ne les rapprochaient point trop les unes des autres, pour éviter des accidents, que dès leur temps ils savaient déjà prévoir.

Mais poursuivons notre route.

V.

A l'extrémité du passage *c*, nous entrons dans une nouvelle voie *d*, qui est fort étroite et fort endommagée. C'est par là que nous devons revenir à la galerie *o*, qu'elle rejoint au-dessous de la *cella memoriæ* aux trois absides. Auparavant nous nous arrêterons, à droite, vers un *cubiculum*, 11, qui est intéressant. Les guides lui ont décerné le nom pompeux de chambre de l'*Océan*, à cause d'une peinture, à la voûte, qui reproduit la tête mythologique de l'Océan. Qu'on ne s'effraie point de trouver ici cette espèce de divinité payenne, qui ne semble point à sa place.

Ce n'est qu'une de ces peintures décoratives que nos premiers artistes chrétiens n'hésitaient pas à employer, parce qu'elles ne représentaient pour personne une idée payenne, mais le simple jeu des forces de la nature.

Toute l'ornementation de cette chambre était assez belle, mais elle a été fortement endommagée. La voûte est mieux conservée ; c'est là que l'on voit la tête de l'Océan, au milieu de décors empruntés à la nature: des fleurs, des fruits, des oiseaux. Sur les deux parois, des restes de peintures peuvent se rapporter à des images d'*orantes*. Sur le fond, est une composition plus vaste, mais grandement ravagée ; on y reconnaît encore des vestiges de la scène du bon Pasteur, si souvent reproduite dans toutes les peintures.

Dans le lucernaire, à la base, se voient de grands oiseaux, qui doivent être des paons, symboles d'immortalité, parce que leur chair, disaient les poètes, rendait immortels les heureux du siècle qui pouvaient s'en nourrir.

Enfin, l'on aperçoit encore, plus haut dans le lucernaire, la trace d'un portrait d'homme, qui aurait été peint sur toile et cloué à la paroi. Peut-être était-ce le proprietaire de l'*area*, avant qu'il ne l'eût donnée, ou vendue à l'Église. Des restes de lettres font croire que le nom du personnage, du proprietaire par conséquent, avait été inscrit au bas du tableau, mais on n'a pu le déchiffrer. C'est un regret pour nous, car un nom propre est souvent un précieux indice pour l'histoire des antiques monuments.

Plus rien de bien intéressant ne se présente à nos recherches dans l'hypogée de Melchiade; nous le laisserons pour passer à celui de Saint-Eusèbe qui lui est contigu. Dans ce but, suivons la voie *d*, jusqu'à la rencontre de la longue galerie *o*, qui nous conduit promptement dans la troisième *area*.

CHAPITRE NEUVIÈME.

La Crypte et l'Area de Saint-Eusèbe.

I.

Nous entrons dans l'*area* de Saint-Eusèbe par la voie *o*, qui traverse, avons-nous dit, non-seulement la seconde et la troisième *area* du cimetière de Calixte, mais encore les deux premières de celui de Sainte-Sotère, qui vient à la suite. Cette longue et belle voie, haute de quatre mètres environ, possède de nombreux *cubicula*, dont quelques-uns sont fort importants; tous les sépulcres ont donné de nombreux fragments d'inscriptions et de sculptures d'un grand intérêt. C'est dans les années 1856 et 1857 qu'elle fut débarrassée des décombres jetés par les lucernaires nombreux qui en éclairent les chambres souterraines. On pouvait pourtant alors la parcourir en partie, quoique avec difficulté; car on voit encore écrits sur les parois de la chambre 12, dans l'*area* de Saint-Melchiade, les noms de visiteurs du quinzième au dix-septième siècle qui l'avaient retrouvée.

Notons, en face de cette chambre, le quatrième *loculus*, où se voit tracée sur la chaux la figure d'une croix dissimulée.

II.

En entrant dans l'hypogée de Saint-Eusèbe, nous laissons, à notre gauche, un *cubiculum* de peu d'intérêt, et nous parvenons promptement sous un grand lucernaire, qui éclaire deux chambres, 7 et 8, placées en face l'une de l'autre, de chaque côté de la voie. La chambre de gauche, 7, est doublée d'une autre, 6, qui s'avance plus profondément dans l'intérieur de l'hypogée. Ces trois chambres, ouvertes en même temps, avaient été revêtues d'un même stuc blanc, assez grossièrement travaillé. Dans le principe, elles ne contenaient point de sépulcres, indice certain qu'on les avait faites, pour servir de lieu d'assemblées.

Sous le pavé de la chambre principale, 7, on a trouvé une tombe de forme rectangulaire qui contenait trois sarcophages encore fermés et intacts. Les corps qu'on y avait déposés s'étaient admirablement conservés. Deux de ces sarcophages sont aujourd'hui placés sur le pavé de la chambre 7; des cloisins de verre permettent d'apercevoir à l'intérieur les corps qui restent dans l'état où ils furent trouvés. Quels sont ces personnages dont les siècles ont respecté la dépouille? Ils furent riches sans doute, la beauté de leur tombeau l'indique; mais, par suite de dévastations de barbares, leurs noms ne sont point venus jusqu'à nous.

Le troisième sarcophage est dans la chambre 6; il est orné de bas-reliefs, dans lesquels on retrouve plusieurs des sujets symboliques en usage dans les Catacombes : Noé et la colombe, Daniel dans la fosse aux lions, et Lazare ressuscité. Il est plus petit que les autres, c'est un jeune homme qu'il renfermait. Aussi, entre les symboles que nous venons de rappeler, se voit l'image de cet adolescent, sculptée entre deux autres personnages âgés, vêtus de tuniques et du pallium. Touchant emblème de l'honneur réservé à la jeunesse innocente et pure, accueillie au ciel dans la compagnie vénérable des Apôtres et des Martyrs.

III.

A quelques pas de ces premières chambres de l'*area* de Saint-Eusèbe, nous arrivons au pied de l'escalier *l*, qui amènerait plus directement à la crypte du Saint Pontife, si l'on avait à la visiter isolément. Cet escalier fut en partie détruit, probablement à l'époque de la persécution ; mais à la paix il fut restauré pour rendre libre l'accès de la chambre où la dépouille du glorieux confesseur fut déposée. D'importants travaux de maçonnerie furent ensuite ajoutés, soit pour fermer les galeries accessoires, soit pour soutenir les parois de celle qui se dirigeait vers le sanctuaire du Saint. Il est évident que l'on voulut tracer pour ainsi dire la route aux pèlerins, afin qu'ils ne pussent s'égarer dans les voies qui ne conduisaient pas au but désiré.

Au pied de l'escalier *l*, s'ouvre une voie transversale *t*, jadis fermée, aujourd'hui débarrassée, où nous devons quelques instants nous arrêter. C'est la voie centrale de l'*area*, mais elle est fort en ruines. Elle contient, à l'entrée et à droite, deux *arcosolia* intéressants.

Le premier, 1, est peint à fresques. A la voûte se voit une orante; des oiseaux, des cerfs forment le paysage à ses côtés. La lunette porte encore des traces de la scène du bon Pasteur.

Le second, 2, est double et peint à fresques comme le précédent. On y voit aussi, à la voûte de l'arc, la figure de l'orante; à droite est peinte la résurrection de Lazare, à gauche les jeunes Hébreux dans la fournaise. La lunette a été malheureusement ravagée par l'excavation indiscrète de trois *loculi*; fait, hélas! trop souvent répété dans toutes les Catacombes.

A droite de ce dernier tombeau, est un *loculus* où se distingue la figure déguisée de la croix, tracée sur la chaux pendant qu'elle était encore fraîche. Nous aimons à faire remarquer ce fait assez curieux, afin d'appuyer ce que nous avons dit au *Ch. XVIII* de la *Ière Partie*, du bonheur et de la crainte tout à la fois, que les Chrétiens éprouvaient à tracer ce signe révéré qu'ils aimaient à retrouver sous leurs yeux, mais qu'ils redoutaient d'exposer à la profanation.

Mais revenons au pied de l'escalier, et rentrons dans la galerie *o* qui nous conduit à la crypte de Saint-Eusèbe, l'un des sanctuaires souterrains les plus visités par les pèlerins, aux siècles de la paix.

IV.

Sur la voie *o*, s'ouvrent en face l'une de l'autre deux chambres, 9 et 10, qui présentent tous les caractères des cryptes les plus fréquentées de la Rome souterraine. L'histoire de la découverte, qui en fut faite dans les premiers jours du mois de mai 1856, ne paraîtra pas sans intérêt.

Dès l'année 1852, M. de Rossi recherchait ce sanctuaire célèbre, que tous les documents lui signalaient à une petite distance de la crypte de Saint-Corneille, récemment retrouvée. Or, à l'endroit même qui lui semblait correspondre aux indices par lui recueillis, un fragment d'inscription tombe sous ses yeux. Ce n'étaient point des caractères damasiens, mais une imitation seulement. On y trouvait le commencement de cinq lignes successives d'une épitaphe. Voici ces mots : EVS….; SCINDITUR; SEDITIO; EXEMP….; INTEG….

A la vue de ce fragment précieux, M. de Rossi se ressouvint aussitôt d'une inscription métrique, rapportée par d'anciens recueils épigraphiques et attribuée par les auteurs à Saint Damase. Les lettres EVS…. lui rappelèrent de suite le vers entier.

Eusebius miseros docuit sua crimina flere.

Ce fut un trait de lumière pour l'infatigable chercheur, et un bonheur facile à comprendre.

Il ne put cependant donner suite, pour le moment, à l'ardent désir qu'il avait de fouiller en cet endroit; la recherche de la crypte des Papes, nous l'avons dit, appelait alors toute son attention et tous ses soins. Ce n'est que quatre ans plus tard, dans l'hiver de 1856, qu'il put reprendre ses explorations au lieu de sa première découverte. Là, les fouilles reprises l'amenèrent dans une petite galerie secondaire, q^2, vers un *arcosolium*, 12, voisin de la voie *o*; il y découvrit encore deux petits fragments de la précieuse épitaphe dont il possédait déjà quelques mots. Il ne devait donc pas être loin du but.

Toutefois, ce simple *arcosolium* ne pouvait être la sépulture d'un Pape; cette voie secondaire n'avait pu être fréquentée par les foules; là n'était donc point la crypte célèbre du saint tant vénéré. Il fallait chercher ailleurs, mais dans le voisinage. Divers indices firent entreprendre des fouilles nouvelles, qui dégagèrent l'escalier *l*, puis la voie *o*, dans la direction de la crypte. On se reconnaissait avec évidence sur la véritable voie. Les travaux se poursuivirent avec ardeur, et aux premiers jours de mai l'on parvenait sous le grand lucernaire, au-dessous duquel se voyait l'entrée de deux chambres, qui devaient être assurément le sanctuaire recherché.

En effet, dans la chambre de gauche, 9, de nombreux fragments d'inscriptions de toutes sortes sont recueillis avec soin, examinés et choisis. Plus de quarante morceaux appartiennent à l'épitaphe damasienne dont on a déjà quelques mots. Elle est bientôt reconstituée presque intégralement et l'on y découvre avec joie ce titre précieux :

Damasus Episcopus fecit — Eusebio Episcopo et Martyri.

Le doute n'était plus possible.

Là cependant ne devait point s'arrêter la précieuse découverte. L'inscription rétablie n'était qu'une copie de l'œuvre primitive de Philocalus ; la grossièreté des caractères l'indiquait suffisamment. L'œuvre originale avait été brisée par les barbares, et quelque pieux Pontife des siècles suivants en avait fait rétablir une reproduction assez peu fidèle. Celle-ci à son tour avait subi un sort pareil, et nous ne la connaissions plus que par des copies manuscrites que de pieux visiteurs du Moyen-Age avaient heureusement transmises à la posterité. Dans ces reconstitutions diverses de l'inscription primitive, des fautes nombreuses s'étaient glissées, et l'on n'avait plus ni l'épitaphe damasienne, ni celle qui l'avait remplacée, ni le texte exact du Saint Pontife.

Or, le 16 décembre de la même année 1856, parmi les ruines sans nombre qui encombraient l'escalier, un fragment, en belles lettres damasiennes cette fois, fut recueilli ; il appartenait à l'épitaphe primitive. Par un bonheur inouï, d'autres fragments encore furent successivement retrouvés en divers endroits, et, si peu nombreux qu'ils fussent, ils ont permis de corriger les fautes des copistes, et de restituer enfin l'éloge damasien dans se parfaite intégrité.

On voit actuellement sur l'une des murailles du sanctuaire, en lettres noires, le fac-simile de cette inscription, dans laquelle se distinguent les lettres rouges des fragments originaux qu'on y a intercalés.

Nous reproduisons ici avec bonheur les vers de Saint-Damase :

DAMASVS EPISCOPVS FECIT

Heraclius vetuit lapsos peccata dolere;
Eusebius miseros docuit sua crimina flere.
Scinditur in partes populus, gliscente furore;
Seditio, cædes, bellum, discordia, lites.
Extemplo pariter pulsi feritate tyranni,
Integra cum rector servaret fœdera pacis,
Pertulit exilium Domino sub judice lætus;
Litore Trinacrio, mundum vitamque relinquit.

EVSEBIO EPISCOPO ET MARTIRI

A droite et à gauche, est gravée en écriture rectiligne la signature connue de Philocalus :

Damasi sui pappæ cultor et amator — Furius Dionisius Philocalus scribsit.

Voici la traduction :

« Damase Évêque a fait (cette épitaphe).

„ Héraclius empêchait les *lapsi* de faire pénitence de „ leurs fautes; Eusèbe enseignait que ces malheureux de-

„ vaient pleurer leurs crimes. Le peuple se divise en deux
„ partis ; la fureur s'allume et l'on voit des séditions, des
„ meurtres, des guerres, des discordes, des luttes intestines.
„ Aussitôt ils sont bannis tous deux par la cruauté du
„ tyran. Mais le Pontife conservait intacts les liens de la
„ charité. Aussi supporta-t-il avec joie son exil, regardant
„ le Seigneur comme son juge. Sur le rivage de la Sicile,
„ il laissa le monde et la vie.

„ A Eusèbe, Évêque et Martyr.

„ Le serviteur et l'ami de Damase, son pape, — Furius
„ Dionysius Filocalus l'a gravée (l'inscription). „

Ce bel éloge de Saint Eusèbe fait allusion à son exil et à sa mort. Dès le troisième siècle, au temps de Saint Corneille, de violents débats s'étaient élevés dans l'Église, au sujet des *lapsi*, c'est-à-dire de ces malheureux chrétiens qui avaient failli devant les supplices du martyre. Ceux-ci se présentaient munis de recommandations obtenues des confesseurs de la foi, et demandaient la réconciliation et la participation aux sacrements, sans pénitences. Saint Cyprien, dans ses lettres, parle des troubles et des émeutes, causés de son temps, dans quelques villes d'Afrique, par de semblables présomptions.

A Rome, Novatien d'abord, et d'autres à sa suite, rejetaient sans miséricorde les apostats du sein de l'Église. Les Papes, au contraire, ne repoussaient point les larmes de ces malheureux, ne leur refusaient point la réconciliation, mais exigeaient l'épreuve d'une longue et sérieuse pénitence. Ils condamnèrent et rejetèrent les Novatiens obstinés.[1], tandis que les *lapsi* se soumirent humblement aux réparations exigées, et la paix se rétablit pour de longues années.

Mais à la suite de l'atroce persécution de Dioclétien, qui vit faiblir tant de courages amollis par une longue paix, de nouvelles querelles surgirent et troublèrent une seconde fois la tranquillité. Les *lapsi* prétendirent encore forcer l'Église à les recevoir sans conditions. Héraclius fomentait les désordres, qui devinrent extrêmes, comme le raconte Saint Damase. L'empereur Maxence, qui n'aimait pas l'Église, malgré ses concessions hypocrites, punit, sous prétexte d'impartialité, le Pape Eusèbe des violences d'Héraclius, en l'envoyant en exil en même temps que le fauteur de troubles. Ce fut en Sicile que le Saint Pontife fut relégué et qu'il mourut. Son corps rapporté dans la suite, par les soins du Pape Melchiade, fut enseveli dans la crypte particulière qui nous occupe en ce moment.

Au milieu de la chambre, on a disposé sur un pivot mobile l'ancienne table de marbre brisée, mais reformée maintenant avec les fragments retrouvés. De cette façon l'on a en présence le texte ancien et le texte nouveau, dont on peut constater les incorrections échappées au copiste.

Un fait curieux est à noter ici. Quand on tourne sur son pivot, cette table de marbre, on voit sur l'autre face une antique inscription payenne, restituée aussi par la réunion des fragments. C'est

---

[1] Le schisme des Novatiens ne finit que vers le Ve siècle.

un fastueux éloge de Caracalla. La cause de cette anomalie est digne de remarque. Aux jours des invasions et des dévastations des barbares, les Chrétiens ruinés, ne pouvant se procurer le marbre nécessaire pour refaire les inscriptions détruites, se servirent de marbres employés par les payens, et trouvés dans les anciens monuments. C'est ainsi que celui de Caracalla servit aux fidèles à refaire l'éloge de leur Pontife vénéré.

Quand le Pape Melchiade rapporta en triomphe la glorieuse dépouille de son prédécesseur, il ne la déposa point dans la chambre des Papes, qui restait encore fermée et remplie de terre, mais il lui prépara un spécial et magnifique hypogée. Cette chambre n'avait alors qu'un simple revêtement de stuc; le Pape fit couvrir toutes les murailles de marbre et de mosaïques, où se trouvaient représentés les génies des saisons, des oiseaux, des vases de fleurs, indices certains de l'époque constantinienne.

Aujourd'hui cette chambre est nue et dévastée, comme toutes les autres. On y voit trois grands *arcosolia*, dont le principal, au fond de la crypte, posséda certainement les restes de Saint Eusèbe. Il est double, car un *arcosolium* plus petit a été taillé au fond du premier. M. de Rossi pense que ce sépulcre recueillit les restes de Saint Optat, Évêque de Verceter, en Numidie, quand la persécution des Vandales força les Chrétiens à fuir avec leurs plus précieuses reliques. Des fragments d'épitaphe, qui portent son nom, furent retrouvés dans cette crypte.

C'est à la base de l'*arcosolium* de Saint Eusèbe que fut fixée l'inscription damasienne, puis la copie qui l'avait remplacée.

On voit encore à la voûte, légèrement creusée en berceau, des caissons octogones, dessinés sur le stuc, où de petits oiseaux sont représentés. Et c'est tout ce qui reste des magnifiques ornements de cette chambre célèbre. Je me trompe, ces ruines mêmes ont leur prix; les souvenirs qu'elles rappellent et les enseignements qu'elles nous transmettent ont pour nous plus de charmes que les plus fastueux ornements.

V.

En face de la crypte de Saint-Eusèbe s'ouvre une autre chambre, 10, plus grande [1] et moins ornée. Les parois, autrefois revêtues de stuc blanc, sont dévastées; les restes sont encore couverts d'anciens graffites, qui attestent la célébrité de ce lieu.

Dans cette chambre se voit une belle et grande épitaphe, composée de petits fragments, trouvés en cet endroit. L'inscription n'était pas entière, mais les lettres retrouvées ont suffi pour la restituer intégralement. Elle est en grec, disposée sur trois lignes comme ci-dessous:

[1] Elle mesure 3^m 54 sur 5^m 50; celle de S. Eusèbe n'a que 2^m 96 sur 4^m 18.

. ΓΑΙΟΥ . ЄΠICK .
. ΚΑΤ .
ΠΡΟ . Ι . ΚΑΛ . ΜΑΙѠΝ.

c'est-à-dire Γαΐου ἐπισκόπου κατάθεσις πρό ι καλανδῶν μαιῶν. *Déposition de Caius Évêque, le 10 des calendes de mai* (22 avril). La déposition du Pape Caius, au cimetière de Calixte, est indiquée à ce jour par divers documents.

Ce serait donc en cette crypte que ce Saint Pape aurait été déposé aussitôt après sa mort, arrivée en 296, aux lieux mêmes où il dut se cacher pour échapper aux persécuteurs, sous l'empereur Carin et dans les premières années du règne de Dioclétien. Toutefois, lorsque ce dernier se fut mis à détruire tout ce qui était chrétien, les fidèles, comme certains indices le donnent à croire, transportèrent le corps du Saint Pontife Caius dans la crypte des Papes, afin qu'il y fût en sûreté, parce qu'on la remplit entièrement de terre, ainsi que toutes les avenues qui pouvaient y conduire.

Après le triomphe du Christianisme, quand la crypte papale fut rendue à la vénération des fidèles, Saint Caius y partagea quelque temps [1], avec ses prédécesseurs, le culte solennel qu'on leur rendit, mais l'épitaphe de son premier tombeau resta à sa

---

[1] Une inscription trouvée dans la *Région Libérienne*, et d'autres indices historiques, donnent à croire qu'une troisième déposition du corps de Saint Caius fut faite en cette nouvelle région du cimetière de Calixte.

place ancienne, comme un témoignage du lieu de sa déposition. De fait, malgré les efforts des barbares et de tous les dévastateurs des Catacombes, les petits fragments tombés en nos mains n'ont pas permis que sa première sépulture demeurât dans l'oubli.

De cette chambre, que nous pouvons appeler maintenant la crypte de Saint-Caius, par un petit passage creusé à l'angle de droite, on pénètre dans une troisième chambre, 11, éclairée par un lucernaire qui lui est propre, et destinée certainement à compléter les précédentes, pour les jours de la solennité des saints martyrs. Ce système de groupement, déjà remarqué dans la seconde *area*, et qui ne se trouve point dans la première, se représentera fréquemment dans les suivantes, d'une époque encore moins ancienne. On reconnaît la nécessité où se trouvèrent les Chrétiens de multiplier les lieux de réunions aux Catacombes lorsque leurs cimetières furent prohibés, et leurs églises de la Ville confisquées et détruites.

Avant de quitter le groupe de Saint-Eusèbe, remarquons encore dans la chambre principale, 9, dans le lucernaire, une petite rampe cancellée, qui semble fermer une galerie plus élevée. C'est en effet la clôture d'une petite voie du premier étage, qui débouche sur la crypte de Saint-Eusèbe. Elle paraît venir y chercher de la lumière, et peut-être aussi permettre à quelques fidèles de se réunir en cet endroit pour prendre part au Saint Sacrifice, comme on le fait encore du haut des galeries de nos cathédrales modernes.

CHAPITRE DIXIÈME.

La Crypte des Martyrs Parthène et Calocère.

A quelques pas de la crypte de Saint-Eusèbe, en suivant la voie *o* vers le cimetière de Sainte-Sotère, nous rencontrons encore un groupe de deux chambres, 13 et 14, qui eurent autrefois une certaine célébrité. Ce sont les chambres des martyrs Parthène et Calocère.

A l'entrée de la chambre de gauche, 13, nous pouvons remarquer un graffite gravé sur l'enduit de la paroi intérieure de la porte, du côté gauche; il est en latin vulgaire:

Tertio idus Fefrua — Parteni martiri — Caloccri martiri. " Le troisième des Ides de février; „ *(Fête)* de Parthène martyr et de Calocère martyr. „

Voici donc la date et le lieu de la déposition de ces deux frères célèbres, en cette pauvre chambre, qui n'était ornée ni d'un *arcosolium*, ni de marbres, ni de peintures. Quand elle fut déblayée, on la trouva tellement en ruines, qu'il fallut la revêtir entièrement de constructions en briques pour la sauver. Aussi ne nous offre-t-elle rien d'intéressant, si ce n'est le souvenir des deux martyrs qu'elle a jadis possédés.

Ils étaient frères et serviteurs d'Émilien, consul sous les deux Philippe, en 249. Émilien était chrétien; il mourut pendant son consulat, laissant une fille unique, nommée Callista. Mais on la connaît mieux sous son nom chrétien d'Anatolia. En mourant, Émilien la confia à ses serviteurs Parthène et Calocère, qu'il nomma tuteurs, leur ordonnant d'employer ses richesses en faveur des pauvres et des fidèles, comme lui-même l'avait fait.

L'année suivante, le crudel Dèce, ennemi furieux des Chrétiens, fit mettre à mort les deux serviteurs d'Émilien. Leur pupile, Anatolia, les fit ensevelir dans le cimetière de Calixte, non loin des Papes, dans une crypte qui n'est point désignée. On conjecture que ce fut dans l'*arcosolium* m^2 de cette petite voie du premier étage, dans l'*area* de Saint-Eusèbe, qui débouche dans la crypte de ce même Saint Pontife. Ils y reposèrent en paix jusqu'aux jours de Dioclétien.

Mais, quand cet autre ennemi atroce des Chrétiens confisqua les biens ecclésiastiques, les fidèles cherchèrent un abri plus sûr aux restes vénérés des martyrs Parthène et Calocère. Ce fut en 304 qu'ils déposèrent, dans cette crypte voisine de celle de Saint-Eusèbe, les corps de ces martyrs glorieux [1]. Cette chambre ne leur avait pas été préparée, ni ornée en vue d'un si grand honneur, mais il fallait se hâter. La translation du reste n'était point difficile ; une seconde galerie m^2, peu distante de m^3 où les saints corps étaient placés, débouchait dans le lucernaire des chambres 13 et 14 ; la translation

---

[1] C'est le plus ancien calendrier romain connu, qui donne la date de cette translation, *dans un lieu plus sûr*.

se fit sans peine et promptement. Elle eut lieu le 11 février, comme l'indique le graffite précité; tandis que la déposition dans l'*arcosolium* du premier étage s'était faite le 19 mai, jour où l'Église célébrait la fête solennelle de ces illustres martyrs, comme l'indiquent les plus anciens documents.

Au huitième ou au neuvième siècle, leurs pieuses reliques furent rapportées dans Rome, en l'église de Saint-Sylvestre *in capite*.

La chambre 14, qui est en face de la première, n'a rien de remarquable; elle est enduite de simple stuc blanc; elle n'a fourni nul indice historique sur le précieux dépôt confié à la chambre voisine, preuve certaine que, ni pour l'une, ni pour l'autre, leur destination première n'avait pas été de le recueillir.

CHAPITRE ONZIÈME.

Le Cimetière de Sainte-Sotère.
I. La première area.

A l'occident des trois *areæ* qui composent le cimetière de Saint-Calixte, s'étend une vaste nécropole que l'on distingue de la précédente par la dénomination propre de cimetière de Sainte-Sotère, mais qui n'est néanmoins qu'un développement, une extension du premier, auquel il se relie intimement.

Il est formé de quatre *areæ*, à peu près d'égales dimensions, mais ouvertes successivement, quoique à des époques peu différentes [1]. Il renferme des chambres nombreuses, dont plusieurs furent spécialement disposées pour les assemblées secrètes des Chrétiens. Les peintures y deviennent de plus en plus rares, mais quelques-unes sont intéressantes et curieuses. De nombreux et grands lucernaires éclairent ces souterrains et les ont rendus faciles à fréquenter; aussi attirèrent-ils de tout temps l'attention des anciens explorateurs des Catacombes. Le célèbre Bosio notamment l'a parcouru dans tous les sens, en y laissant la trace de son passage par l'écriture de son nom en maints endroits.

C'est grâce aux descriptions fidèles, laissées par les anciens visiteurs de ce cimetière, que l'on a

[1] Voir II° Partie, Ch. II, p. 142. Voir aussi le plan II.

pu, de nos jours, reconnaître la petite basilique à trois absides du titre de Sainte-Sotère, et par suite l'emplacement véritable de toute la nécropole oubliée et méconnue.

L'escalier qui conduisait autrefois dans ce vaste hypogée s'ouvrait dans la quatrième *area*, un peu à l'ouest de la basilique. Il est encore tout obstrué de terre et de décombres, et par suite toujours hors de service. C'est par l'hypogée de Saint-Eusèbe que nous y pénètrerons, en continuant de suivre la voie *o*, qui passe devant les cryptes de Saint-Eusèbe et des martyrs Parthène et Calocère.

I.

Au sortir de l'hypogée de Saint-Eusèbe, nous entrons dans la première *area* de Sainte-Sotère, en franchissant une galerie D[1] : qui fait la limite, sous terre, des deux cimetières contigus, comme la voie antique, allant de la voie Appienne au cimetière de Saint-Sébastien, le fait à la surface.

Nous avançons dans la galerie A, qui continue directement la galerie *o* de l'*area* de Saint-Eusèbe. Elle traverse en ligne droite les deux premières *areæ* de Sainte-Sotère, de l'est à l'ouest, dans toute leur longueur.

Dès nos premiers pas, nous trouvons deux cryptes, 1 et 2, qui ne doivent point nous arrêter, el-

---

[1] Voir le plan II, pour tout ce qui concerne ce cimetière.

les n'offrent rien d'intéressant à notre curiosité. Mais un peu plus loin, voici tout un groupe de quatre chambres, 3, 4, 5 et 6, éclairées par un même lucernaire, qui méritent toute notre attention. Il est évident que ces cryptes ont joui d'une certaine célébrité ; elles furent ainsi groupées pour faciliter la réunion d'un grand nombre de fidèles en cet endroit.

A droite de la galerie, sont les deux chambres 4 et 5, placées à la suite l'une de l'autre. La première, 4, ne renferme que des *loculi* sur toutes ses parois ; la seconde, 5, a trois *arcosolia*, c'est la crypte de Sévère, diacre du Pape Saint Marcellin. L'*arcosolium* du fond était fermé par une table de marbre, travaillée à jour, et portant une inscription, où se trouve rappelé que le diacre Sévère fit construire cette double crypte pour lui et sa famille, du consentement de son pape, Marcellin ; *jussu papæ sui Marcellini*. C'est un indice de la paix dont l'Église jouissait alors, dans les premières années de Dioclétien ; c'est aussi la preuve que cette *arca* appartenait à l'Église, et n'était pas, à cette époque du moins, une propriété privée.

Dans la paroi du lucernaire qui éclaire cette double crypte ainsi que la troisième, 3, placée de l'autre côté de la voie, on aperçoit une ouverture qui communiquait avec la quatrième, 6, en lui envoyant tout à la fois, la lumière, l'air et le son de la voix du prêtre qui célébrait le saints mystères. Cette quatrième chambre du reste ne communique pas autrement avec le groupe des trois autres; elle a son entrée propre dans l'ambulacre même, à droite, et un peu plus loin que la double crypte 4 et 5. Il est à croire que cette chambre, à laquelle il en est de semblables ailleurs, était destinée aux simples catéchumènes, et que ce fut là l'origine de la partie antérieure des basiliques, que l'on appela plus tard l'*église des catéchumènes*.

II.

La chambre 3, en face du *cubiculum* double de Sévère, est remarquable par ses peintures; on l'appelle la chambre des *Cinq Saints*[1], à cause des images de cinq personnages représentés dans une même fresque.

Dans la paroi du fond sont creusés, un profond *arcosolium quadrisomum*[2], et, au-dessus de l'arc, un *loculus bisomus*[3]. Une belle fresque décore toute la paroi. Elle représente un jardin délicieux rempli de fleurs variées, d'arbres chargés de fruits, de bassins d'eaux jaillissantes, et d'oiseaux au brillant plumage. Dans l'intervalle qui sépare l'*arcosolium* du *loculus*, sont peintes les images de trois femmes et de deux hommes, richement vêtus et les bras étendus pour la prière. L'intention de représenter le Paradis, et le séjour délicieux qu'il réserve aux âmes saintes, est évidente.

[1] En italien : *Cinque Santi*.
[2] C'est-à-dire fait pour contenir *quatre corps*.
[3] C'est-à-dire fait pour *deux corps*.

Les noms des personnages sont inscrits au-dessus de leurs têtes, avec le mot *in pace*, indice de leur éternelle félicité. Ce sont dans l'ordre suivant, de gauche à droite :

DIONYSAS   NEMESI IN PACE   PROCOPI IN PACE
IN PACE
    ELIODORA IN PACE   ZOAE IN PACE.

Il y a un sixième nom, seul, sans l'image du personnage. Il est placé au-dessous de DIONYSAS, c'est ARCADIA IN PACE. Cela ne peut étonner, puisque l'*arcosolium* et le *loculus* contenaient ensemble six places. On n'a pas peint l'image du sixième personnage, l'espace ne l'a pas permis, et l'on s'est contenté d'en écrire simplement le nom.

Cette peinture nous paraît remarquable par les idées chrétiennes qu'elle exprime. Cette représentation des saints, des martyrs, dans un jardin délicieux, le Paradis, le séjour de la paix, *in pace*, ne témoigne-t-elle pas, en effet, de la confiance des fidèles restés sur la terre de n'être pas oubliés de leurs frères dans la foi, parvenus à la vie céleste ; et de leur assurance dans l'efficacité des prières des âmes envolées au sein de Dieu ?

III.

En poursuivant notre route, nous trouvons, à gauche, un nouveau *cubiculum*, 7, où l'on croit apercevoir les traces d'un ancien escalier, l'escalier primitif sans doute de cette première *arca* de Sainte-Sotère. Il est certain que celui dont nous avons fait mention plus haut, ne peut être le seul qui ait existé dans l'hypogée, puisque la quatrième *arca*, dans laquelle il se trouve, est la dernière par ordre d'origine.

La chambre 7, n'a pas d'ailleurs d'autre mérite à constater.

En face de cette chambre, s'ouvre à droite une voie transversale B, qui renferme plusieurs *cubicula* et plusieurs *arcosolia*, dont quelques-uns ne sont pas sans mérite.

En entrant dans cette galerie B, on trouve immédiatement, à droite un *arcosolium* qui conserve encore sa table de marbre, en place, presque entière; elle n'a subi qu'une seule brèche en son milieu. Ce fait est assez rare dans les Catacombes, pour que nous ayons cru devoir le signaler.

Un second *arcosolium*, 8, vient à côté du précédent. On y trouve, peinte sur le plan de la lunette, toute une famille de cinq personnes, les bras étendus, en prière. On voit aussi à la voûte une belle guirlande de roses entrelacées, au sommet de laquelle apparaît la forme hideuse d'un masque de théâtre. Mais ce n'est là qu'un simple jeu d'ornementation, auquel les artistes étaient accoutumés.

Un peu plus loin, dans la même voie B, nous rencontrons un groupe de trois chambres, que l'on appelle le groupe de *Patricius*. Dans la chambre de gauche, 9, sur la paroi de gauche du principal *arcosolium*, est peint, en lettres rouges, le nom PATRICIVS, sans autre indication qui nous éclaire sur la qualité du personnage qu'il rappelle.

Les chambres 10 et 11, de droite, se font suite l'une à l'autre; dans la dernière, 11, fut trouvé un fragment d'inscription, qui porte la date consulaire de 300; c'est l'indice de l'époque vers laquelle ce triple *cubiculum* fut creusé, c'est-à-dire la fin du troisième siècle, celle précisément où le diacre Sévère faisait ouvrir ce double *cubiculum* dont nous venons de parler.

IV.

Nous reprenons notre marche dans la voie B jusqu'à la rencontre, à gauche, de la voie F, que nous allons suivre, vers l'ouest, jusqu'à la chambre 22. Elle se trouve à l'extrémité d'une autre voie E, l'une des galeries perpendiculaires au principal ambulacre A.

La crypte 22 est, depuis un temps immémorial, dépouillée de toute épigraphe. Elle est régulière, allongée, éclairée par un lucernaire. Ses parois verticales sont surmontées de corniches qui s'appuient sur des modillons élégamment sculptés dans le tuf. Aussi le fameux Pomponius Lætus l'avait-il choisie pour les réunions secrètes de cette Académie Romaine, qui se proclamait bien haut l'amie du paganisme. Ses compagnons et lui signèrent leurs noms latins sur la muraille de cette chambre, dans une réunion, tenue l'an 1475, *regnante Pomponio Pontifice Maximo* [1]. On peut y lire encore cette fastueuse liste de noms empruntés au paganisme.

V.

En sortant de ce lieu, où l'on trouve le souvenir de sectaires tristement mêlé à celui des martyrs, nous suivons la galerie E, l'une des plus intéressantes de l'*area*. Tous les *cubicula*, tous leurs sépulcres divers, y sont admirablement conservés; on les dirait taillés d'hier. La forme des chambres est gracieuse et variée. Ici, les voûtes sont en berceau; là, comme dans nos églises, elles ont des arcatures qui s'entrecroisent au sommet, et à la base s'appuient sur de belles colonnes, tantôt rondes, tantôt carrées, surmontées d'élégants chapiteaux taillés dans le tuf, comme on l'eût fait dans la pierre. Ce sont de vrais ouvrages d'architecture et des modèles en miniature pour nos futures basiliques.

Malheureusement quelques-unes de ces chambres restent encore à demi enterrées et de difficile accès pour le visiteur.

Parmi toutes ces petites églises souterraines, nous devons distinguer un groupe de quatre cham-

---

[1] C'est-à-dire : *Sous le règne de Pomponius, grand Pontife*.

bres, 20-21, placées à gauche de la galerie E, d'après la direction que nous suivons. La première n'a rien de remarquable ; elle est simplement revêtue de stuc blanc: elle a des colonnes rondes taillées dans le tuf, à tous ses angles. L'une de ces colonnes présente à sa base une saillie cylindrique qui forme comme une table destinée peut-être à porter le vase d'huile parfumée, qui était en usage dans ces sanctuaires souterrains. Ce premier *cubiculum* devait servir de vestibule aux trois autres.

Ceux-ci sont éclairés par un même lucernaire. La chambre du milieu, 21, était la principale, elle était revêtue de stuc, elle avait un *arcosolium* orné de mosaïques. Les deux autres avaient leurs parois nues avec de simples *loculi*; elles n'étaient que le complément de la précédente, la chambre où s'offrait le sacrifice.

Ce groupe est désigné sous la dénomination d'*Ulpius Florentius*, du nom porté sur une inscription trouvée dans la crypte centrale ; elle fermait un tombeau sous le pavé: *Ulpio Florentio bene merenti qui vixit annos LXXVII, dies XI, quiescit in pace III Kalendas Junias;* " Ulpius „ Florent, qui a bien mérité. Il vécut 77 ans et „ 11 jours ; il s'est endormi dans la paix le troi- „ sième des Calendes de juin. „ Vient à la suite le simbole ⳁ entre deux colombes, dont l'une porte en son bec une couronne de laurier et l'autre un rameau d'olivier.

Il n'est point improbable que ce soit la famille des *Florentii* qui ait fait creuser cet insigne hypogée.

VI.

En face même de la première chambre, 20, de ce groupe du côté droit de la voie E, s'ouvre le remarquable *arcosolium* dit de la *Madonne*, 19. Le fond de la lunette est malheureusement coupé par deux *loculi* du commencement du cinquième siècle ; aussi les peintures sont-elles méconnaissables. Mais l'arc lui-même est intact. Là, les décorations n'ont subi que les ravages naturels de l'umidité et du temps. Il est divisé en trois cadres, qui contiennent chacun une scène évangélique.

Au sommet, est représenté le bon Pasteur, rapportant la brebis infidèle au bercail. A droite, est peinte probablement la scène de la Samaritaine ; à gauche, l'adoration des Mages. La Vierge Marie est assise, elle tient l'enfant Jésus sur ses genoux, et les trois Mages s'avancent vers elle pour offrir au Messie leurs présents. Déjà nous avons parlé de ces scènes diverses [1], nous n'avons ici qu'à les rappeler à l'attention des visiteurs qui seront heureux de les trouver à la place où les premiers fidèles aimaient à les vénérer.

En reprenant la galerie E, nous revenons dans la grande voie A, et nous entrons immédiatement

---

[1] Voir en particulier, 1ère Partie, Ch. XXIII, p. 123.

dans la seconde *area* du cimetière de Sainte-Sotère; car la galerie E est la limite qui divise l'hypogée en deux parties égales, l'une à l'est, l'autre à l'ouest de cette longue voie souterraine.

CHAPITRE DOUZIÈME.

Le Cimetière de Sainte-Sotère.
Les areæ II, III, IV.

La première *area* de Sainte-Sotère, qui est presque contemporaine de celle de Saint-Eusèbe, était encore riche de peintures ; désormais cette sorte d'ornementation va peu à peu disparaître. La seconde *area* n'a plus que deux *arcosolia* peints, 28 et 34 ; la troisième ne nous en offre qu'un seul, 42 ; et la quatrième n'en a plus aucun. En retour, les chambres se multiplient, et dans les dernières *arcæ* elles prennent des formes gracieuses et d'une architecture plus parfaite.

I.

Le premier *arcosolium* orné de peintures, 28, se trouve à l'entrée du bras droit de la voie transversale L, la première que nous rencontrons dans la seconde *area*. Cette voie, comme la précédente E, traverse tout le cimetière dans sa largeur, mais elle n'est point partout praticable.

La lunette de l'*arcosolium* est ornée de festons assez grossièrement dessinés. La voûte est couverte par trois scènes bibliques assez endommagées. Le Sauveur est au milieu, placé entre deux corbeilles de pains qu'il frappe avec une verge, dont sa main est armée. A droite, est la scène de Lazare ressuscité; à gauche, une main armée d'un couteau, seul reste de la peinture effacée, nous indique certainement le sacrifice d'Abraham. Nous retrouvons donc encore ici ces symboles connus, qui retraçaient partout aux yeux des Chrétiens le souvenir et l'enseignement des plus saints mystères de la religion du Christ: le Saint Sacrifice, l'Eucharistie, la Résurrection.

Nous ne pénétrons pas plus loin de ce côté de la voie L; nous retournons par le bras gauche du côté de la troisième *area*. A la limite, nous trouvons une voie M, qui se dirige vers le couchant; c'est dans celle-ci, du côté gauche et tout à l'entrée, qu'est l'*arcosolium*, 34, également décoré.

Un *loculus* a été taillé dans le bas de la lunette, mais les peintures n'en sont point endommagées, il est donc de la même époque que l'*arcosolium*. Au-dessus de l'arc au contraire, plusieurs autres *loculi* ont été postérieurement creusés dans la paroi; le plus élevé porte imprimé sur la chaux de l'encadrement le monogramme connu ☧.

A l'intérieur, l'arc est orné de deux rameaux de vigne chargés de grappes et entrelacés; de petits oiseaux voltigent à travers le feuillage et becquetent les raisins. La peinture de la lunette représente un jardin fleuri, au milieu duquel, deux fûts d'arbres couverts de verdure, placés l'un en travers de l'autre, forment une figure manifeste de la croix. Deux oiseaux s'approchent de ce signe divin avec respect. Si l'on se rappelle que maintes fois dans les Catacombes on voit deux oiseaux placés de la sorte, soit de chaque côté d'un vase où ils viennent boire, soit près d'une grappe de raisin à laquelle ils vont goûter, on reconnaîtra ici encore soit le symbole du Christ dans l'Eucharistie, soit le symbole du Paradis, où les âmes fidèles, goûtent avec joie à la source du vrai bonheur. La forme sous laquelle le symbole est représenté dans ce sépulcre est remarquable par sa nouveauté; c'est le signe de la croix qui symbolise le bonheur de l'Eucharistie en cette vie, ou du Paradis dans une vie meilleure, parce que c'est de la Croix que jaillit le sang divin, source de la vie éternelle [1].

En laissant cet *arcosolium*, l'esprit plein des doux symboles qu'il nous présente, nous continuons notre route dans la même voie M, jusqu'à la rencontre d'une autre voie N qui nous introduit à gauche dans la troisième *area*.

II.

Cette nouvelle galerie n'est pas entièrement déblayée, elle est très pénible à parcourir, et il faut des visiteurs résolus pour entreprendre d'y pénétrer. Nous la signalons seulement à cause des chambres curieuses qu'elle contient, et de l'*arcosolium*, 42, vers lequel elle nous conduit.

A peine entrés dans cette voie, nous trouvons

---

[1] S. Jean, VI, 55.

le double *cubiculum* 43. La chambre principale est à droite, elle est hexagonale, la voûte est ronde ; au fond est une petite abside, derrière laquelle s'ouvre une profonde niche sépulcrale; les parois sont nues et sans revêtement, ni peintures. La seconde au contraire, de forme carrée, est revêtue de stuc blanc. Un lucernaire éclaire les deux chambres. Mais elles sont jusqu'à ce jour peu abordables, à cause de la grande quantité de terre qui les encombre. Plus loin, nous trouvons l'ambulacre P, le principal de l'*area*, mais il est fermé sur la gauche en cet endroit; nous le suivrons du côté opposé pour aller à l'*arcosolium*, 42, le seul de l'*area*, avons-nous dit, qui soit orné de peintures. C'est à ce titre qu'il mérite que nous le visitions, malgré la difficulté du chemin, encore tout rempli de terre.

A la voûte de l'arc est peinte encore une vigne avec des oiseaux, comme dans l'*arcosolium* précédemment visité, 34. La lunette est rompue en son milieu par un *loculus* indiscret; la plus belle partie des peintures est ruinée. On y reconnaît cependant le portrait d'une marchande de légumes, au milieu de ses tables chargées d'herbages exposés pour la vente. C'est la seule peinture de la Catacombe de Saint-Calixte, où se voie représentée une scène de la vie réelle.

Sur le front extérieur apparaissent, à gauche, quelques restes fort effacés d'un édifice, qu'il est difficile de dénommer. Au cimetière de Domitille, est une peinture de la Vierge assise, tenant le divin enfant sur son sein, et, derrière elle, apparaît un édifice, qui semble bien être Bethléem. Serait-ce la même scène que l'on aurait voulu représenter ici?

Du côté opposé, la peinture est moins ruinée, on y distingue très nettement Moïse frappant le rocher, d'où jaillissent des flots d'eau vive.

Les traits de sa figure, rappellent le Moïse du Nouveau Testament, *Pierre*, le Prince des Apôtres [1].

De ce lieu nous revenons dans la galerie N, que nous suivrons de nouveau pour jeter un regard rapide sur deux *cubicula* assez curieux.

Le premier est double, 45 ; il a sa principale chambre à gauche de la voie N ; on y descend par trois degrés. Cette chambre est absidiale, et sa voûte s'élève en forme de coupole, mais timidement ; c'est la naissance du genre dans les Catacombes. Dans la chambre de droite, on descend aussi par trois degrés. Comme la première, elle est absidiale et à coupole.

Le second *cubiculum*, 34, se trouve un peu plus loin que le précédent, à droite de la voie. Il est hexagonal, absidial, et sa voûte est ronde, mais non en forme de coupole, comme dans les chambres précédentes. Au milieu de l'abside on a creusé une niche profonde, devenue ensuite comme une seconde chambre, dans laquelle se trouvent deux *arcosolia* et de nombreux *loculi*. Ce *cubiculum* est tout encombré de terre et d'un difficile accès.

---

[1] Voir 1ère Partie, Ch. XX, p. 108.

III.

De ce point extrême de la troisième *area*, nous revenons sur nos pas, en suivant successivement les voies N et M, jusqu'à la grande voie L, par laquelle nous rentrons dans la troisième *area*. Nous y retrouvons le grand ambulacre P, précédemment signalé. A droite il est obstrué et fermé, mais à gauche il est ouvert, spacieux, et annonce l'approche de quelque crypte célèbre, et jadis fréquemment visitée. Dans cette voie, en effet, nous allons trouver bientôt la principale crypte de l'hypogée, celle où Sainte Sotère a reposé.

Auparavant arrêtons-nous dans la *Rotonde* des *Eutychii*, 40, que nous rencontrons la première sur notre droite.

Une belle inscription, portant ce seul mot: EVTYCHIORVM, trouvée dans les décombres de cette crypte, paraît avoir été plutôt fixée au-dessus de l'entrée comme un titre, que placée sur un sépulcre comme une epitaphe. C'est un indice que la chambre appartenait à quelque société funéraire, chrétienne assurément, formée sous le nom d'*Eutychii*, et était le lieu de sépulture de ses membres.

La chambre est de forme régulière, hexagonale dans son pourtour, mais ronde à la voûte. Le fond se termine par une gracieuse abside; les parois sont plus ou moins profondément entaillées par des *loculi*, des *arcosolia*, et même par des chambres de forme quadrangulaire, ce qui donne à l'ensemble un aspect bizarre et irrégulier.

A quelques pas de la Rotonde des *Eutychii*, nous trouvons un *cubiculum* double, 39, que nous croyons avoir été le lieu de sépulture de Sainte Sotère. Les deux chambres forment ensemble une véritable église souterraine, comme nous en avons déjà tant de fois rencontrées.

La chambre principale, à notre gauche, est absidiale et de forme allongée, comme nos églises ; la voûte est en arceaux croisés. Elle est peu ornée ; à peine un enduit grossier recouvre-t-il les parois du tuf. Elle a de nombreux *loculi*, mais pas d'*arcosolium*, ni de peintures. Dans le fond, une niche profonde fut taillée pour recevoir un sarcophage. On ne croirait point en vérité que ce pût être là le lieu de sépulture d'une Sainte martyre, d'une Vierge célèbre, comme fut Sainte Sotère, de si illustre famille, et dont on sait que le tombeau a été si honoré, si fréquenté aux siècles de la paix. Mais n'oublions point l'époque de son martyre, ni les conditions difficiles dans lesquelles l'Eglise se trouvait à ce moment.

Sainte Sotère, dont Saint Ambroise fut le petit-neveu, comptait des *clarissimes* parmi ses ancêtres ; elle était de la *gens Aurelia*. Ce fut sous Dioclétien que, jeune encore et distinguée par sa beauté autant que par sa naissance, elle se vit traînée devant le juge, pour être contrainte à l'apostasie. Mais sa fermeté fut à la hauteur de sa noble origine. Elle ne craignit point de répondre au juge qui ordonnait de la frapper au visage, en levant elle-même son voile, et en tendant la joue au bourreau, selon le précepte du Sauveur. Après avoir passé victorieusement par divers genres de supplices, elle subit la peine du glaive, en l'an 304.

La fureur de la persécution, la confiscation des cimetières, empêchant les Crétiens d'ensevelir leurs martyrs avec les honneurs qu'ils auraient voulus; il n'est pas surprenant que le corps de Sainte Sotère ait été porté provisoirement dans un lieu de sépulture qu'on n'avait pu convenablement décorer. C'est pourquoi, malgré que la crypte, où nous pensons qu'elle fut déposée d'abord, ne soit pas indiquée avec précision par quelque inscription, par quelque graffite, par quelque signe indubitable, comme pour les autres cryptes historiques, il n'est guère possible de lui dénier cet honneur. La vierge Sotère fut certainement ensevelie dans le cimetière qui porte son nom; elle y reçut un culte extraordinaire, puisque une basilique fut élevée en son honneur au-dessus du sol, à l'âge de la paix. Or quelle crypte souterraine répond mieux à la célébrité de ce culte, que cette gracieuse chambre, qui fut visiblement l'objet de la sollicitude des Papes à diverses époques, et à laquelle amenait un vaste escalier avec un large ambulacre, évidemment construits l'un et l'autre pour des pèlerins qui s'y rendaient en foule?

Oui, cette crypte vénérée nous paraît aussi certainement avoir recueilli le corps de Sainte Sotère que si nous voyons son nom inscrit sur quelque pierre d'un sépulcre. Mais, de cette crypte, il fut de bonne heure enlevé et déposé dans la basilique supérieure, d'où le Pape Serge II, au neuvième siècle, le fit transporter dans Rome, en l'église de Saint-Martin-aux-Monts, avec un grand nombre d'autres, qui gisaient sans honneurs dans les cimetières dévastés et abandonnés. En effet, une bienheureuse Sotère est nommée parmi les Saints Martyrs qui furent l'objet de cette pieuse translation, et nulle autre de ce nom ne fut si célèbre, ni si connue dans l'antiquité.

IV.

En quittant la crypte de Sainte-Sotère, nous trouvons, à quelques pas en avant dans la galerie P, l'ancien escalier, maintenant abandonné et fermé, qui amenait jadis la foule des visiteurs dans ce sanctuaire. La voie P, obstruée maintenant et arrêtée au pied de l'escalier, se prolongeait autrefois sans obstacle; c'est l'indice que cette entrée n'est pas de la première époque du cimetière, et qu'elle ne fut ouverte que dans la période de la paix.

Pour retrouver le prolongement de la voie P, nous prenons à gauche un petit passage étroit, qui se brisant à angle droit vient retomber dans la galerie, limite des deux parties est et ouest du cimetière. Nous la suivons vers le midi, en passant sous l'escalier, où nous retrouvons la trace de l'ambulacre P, d'où nous gagnons une nouvelle galerie R, dans laquelle nous avons encore un charmant *cubiculum* double, 47, à visiter.

Les deux chambres sont à droite et à gauche de la voie R ; celle de gauche est la principale. Elle est hexagonale, absidiale, à voûte ronde fort gracieuse. Le fond de l'abside est creusé profondément, comme dans la rotonde des *Eutychii*, et forme une nouvelle chambre, ayant ses *arcosolia* profonds, qui lui donnent l'aspect d'une petite église allongée. La chambre de droite n'a rien de remarquable, sinon que ses profonds *arcosolia*, au nombre de trois, forment comme une croix latine, qui peut bien avoir été dès lors intentionnelle, puisque nous retrouvons la même pensée dans la forme des basiliques à triple abside, de la même époque.

Cette double crypte est le seul monument de la quatrième *area*.

Là finirait notre visite à ce cimetière, si nous n'avions laissé à dessein, pour simplifier notre marche, une crypte de la première, *area*, que nous ne saurions oublier.

Un mot pourtant encore au sujet de ces trois dernières *areæ* de Sainte-Sotère, où nous avons trouvé des chambres nombreuses d'un caractère et d'un style si particuliers. Nous les avons recherchées avec intention, malgré l'accès difficile, qui ne permet pas ordinairement d'y conduire les visiteurs. Elles sont remarquables par leurs belles formes architecturales, toutes nouvelles dans les catacombes. Nous n'y avons point trouvé de peintures, mais des absides, des voûtes, des coupoles gracieuses ; des colonnes, des arcatures, des sculptures taillées dans le tuf avec un art nouveau : c'est l'architecture qui commence. Il semble que l'on se sent près du triomphe, et que l'on se prépare à construire ces grandes basiliques, dans lesquelles va bientôt s'affirmer le règne du Christ vainqueur.

CHAPITRE TREIZIÈME.

Le Cimetière de Sainte-Sotère.
III. La chambre des Brebis.

En rentrant par la voie E, dans la première *area* du cimetière de Sainte-Sotère, au lieu de poursuivre jusqu'au grand ambulacre A, nous entrons, à droite, dans une galerie accessoire H, qui forme sous terre la limite entre la première *area* et la quatrième. Bientôt nous rencontrons, à gauche, une ouverture récente, produite par la ruine de la paroi; par là nous passons dans une longue chambre, 24, toute dévastée, où nous remarquons un *loculus* d'enfant sur lequel se voit la figure de la *croix gammée* ⊐⊏ [1]. Elle était fort en usage dans la seconde moitié du troisième siècle, pour figurer timidement le signe de notre salut. On continua de l'employer encore durant tout le quatrième siècle.

Au sortir de cette chambre, nous traversons la galerie G, pour entrer immédiatement dans la crypte des *Pécorelles* [2], c'est-à-dire des *Brebis*, 23.

Cette chambre, comme toutes les parties de ce

---

[1] On l'appelle ainsi parce qu'elle est formée de quatre *gamma* grecs, Γ, lettre qui correspond à notre G.

[2] C'est le mot italien : *pecorelle*, qui veut dire *brebis*.

cimetière, fut visitée par Bosio ; son nom y est inscrit à la date du 18 juin 1596.

Au fond de la crypte et au-dessus de l'*arcosolium*, se voit un dessin, tristement endommagé par un *loculus*. C'est le bon Pasteur. Il tient une brebis sur ses épaules ; deux autres qui se pressent vers lui représentent le troupeau fidèle. Deux apôtres, Pierre et Paul sans doute, l'un à droite, l'autre à gauche, s'empressent vers d'autres brebis, qui semblent n'être pas encore du troupeau. Ils font tomber sur elle la grâce, sous forme de rosée féconde et abondante ; les unes la recoivent avec bonheur, d'autres ne paraissent pas s'en soucier, et préfèrent retourner à leurs tristes pâturages [1]. C'est la première scène, et la plus importante ; il y en a deux autres encore.

Dans l'encadrement de la paroi de droite, sont représentés le deux Moïse. Celui de l'Ancien Testament pressent la présence du Seigneur et ôte sa chaussure avec laquelle il n'ose plus s'approcher.

Une main, sortie da la voûte du ciel, manifeste la divine présence. Le Moïse du Nouveau Testament, Pierre, comme nous l'avons rappelé plusieurs fois [2], frappe le rocher et en fait jaillir avec abondance l'eau du salut.

Dans l'encadrement de la paroi de gauche, on voit le Christ entre deux disciples qui lui présentent des pains et des poissons, lui demandant de les

---

[1] Voir Ière Partie, Ch. XIX, p. 104.
[2] Voir Ière Partie, Ch. XX, p. 108.

multiplier. Devant eux, à leurs pieds, sont posées six corbeilles pleines; c'est le miracle accompli.

Nous connaissons déjà tous ces symboles, que nous avons expliqués; mais nous sommes heureux de les voir ici, de nos yeux, à la place où nos premiers frères chrétiens les ont tracés, comme pour nous léguer le témoignage de ces croyances primitives, qui jusqu'à nous n'ont point varié.

On regrette que l'excavation d'un lucernaire ait fort endommagé ces peintures. Dans le principe, la paroi était intacte, et même sans aucun sepulcre; le petit *arcosolium* que l'on y voit maintenant n'existait pas. Il est probable que nous avons ici l'un de ces lieux de réunions, plus secret que les autres, ménagé à dessein dans un endroit retiré, obscur, d'un accès difficile, pour y accomplir en sûreté les fonctions sacrées les plus essentielles. Aussi reconnaît-on dans cette crypte à peu près l'époque de la persécution de Dioclétien. L'effet de la fumée des lampes, sur le peintures, et sur toutes les murailles, atteste l'usage prolongé que l'on a dû faire de ce mode d'éclairage, à défaut de lucernaire; car on avait évité d'abord d'en pratiquer.

En quittant cette chambre remarquable, nous revenons par la galerie G, dans la voie A, pour de là rentrer dans le cimetière de Saint-Eusèbe, et regagner l'escalier *l*, par lequel nous devons sortir de l'hypogée. Toutefois, nous nous arrêterons auparavant, au milieu de cet escalier, pour donner un coup d'œil rapide, dans une galerie m, qui appartient au premier étage.

Après quelques pas dans cette voie, nous trouvons une petite ramification m^2, conduisant au petit balcon que déjà nous avons remarqué dans la crypte de Saint-Eusèbe. Tout à l'entrée de la voie, est un *arcosolium* dont le revêtement en stuc est orné de quelques peintures qui doivent nous intéresser. Au sommet de la voûte est le bon Pasteur entre deux arbres, avec des brebis de chaque côté de lui. Au côté droit de la voûte, on aperçoit quelques restes de l'image d'un personnage que l'on ne peut déterminer. Du côté gauche est la scène remarquable et unique des Martyrs devant leur juge [1]. Elle est encore assez bien conservée. Ce sépulcre, on le conjecture, aurait reçu les corps des saints martyrs Parthène et Calocère. C'est de là qu'on les aurait transportés sans peine dans la crypte, où nous avons vu qu'ils furent cachés, durant la persécution furieuse de Dioclétien. Cette translation fut facile, disons-nous, car une autre voie m^3 s'ouvre un peu plus loin dans ce même étage, et débouche dans le lucernaire de la crypte même qui porte leur nom.

Telles sont les principales richesses archéologiques, artistiques, historiques et surtout religieuses, que depuis tant de siècles les Catacombes de

---

[1] Voir ʙʳᵉ Partie, Ch. XXI, p. 113.

Saint-Calixte gardent en dépôt fidèle pour notre instruction et notre piété.

Nous allons quitter ces lieux vénérés, pour nous diriger à présent vers un autre sanctuaire non moins saint, non moins vénérable, dont l'étude complètera nos connaissances sur cet important sujet, je veux dire la crypte glorieuse de Saint-Corneille, dans l'hypogée de Lucine.

CHAPITRE QUATORZIÈME.

Le Cimetière de Lucine.
I. La Crypte de Saint-Corneille.

Le cimetière de Lucine est le plus ancien hypogée du groupe de Saint-Calixte. On y descend aujourd'hui par un escalier spécial A [1], dont on voit l'entrée près du monument funéraire qui domine l'*arca*. Ce n'est point l'escalier primitif, il ne fut construit qu'à la paix, pour faciliter aux fidèles l'accès de la crypte de Saint-Corneille. Au pied de cet escalier, on a dû faire de grands travaux de maçonnerie pour soutenir les parois du tuf assez peu solide en cet endroit. A droite de cet escalier, une première galerie G nous introduit dans une seconde L, qui nous conduit elle-même immédiatement dans la glorieuse chambre du Martyr.

Durant les premiers siècles de l'Église, après la paix, les fidèles vinrent en foule à ce sanctuaire célèbre. Pour mieux satisfaire leur piété, on avait construit une petite basilique au-dessus de terre, pareille sans doute à celles de Saint-Sixte, de Sainte-Sotère, et de plusieurs autres Saints révérés. Hélas ! il ne reste aucune trace de ce monument, ni au-dessus de la crypte, ni dans le voisinage.

---

[1] Voir le plan III, crypte de Lucine.

Saint Damase s'était plu à orner la chambre souterraine, comme il a fait pour toutes les cryptes les plus célèbres; d'autres Papes l'avaient encore embellie après lui, mais les dévastations sont venues la désoler comme tout le reste, sans cependant pouvoir la détruire. Aussi est-ce avec joie qu'en nos jours on a retrouvé ces restes toujours augustes, malgré l'état de misère dans lequel ils nous sont laissés.

En entrant dans le sanctuaire vénéré, le premier objet qui frappe nos regards, c'est le lieu de la sépulture du Saint Pontife, indiquée par la célèbre inscription: CORNELIVS MARTYR · EP ·; elle est fixée à sa place primitive. Le sépulcre est vaste et profond, le saint corps a dû y reposer dans un sarcophage, et les saints mystères se célébraient sur un autel placé en avant. La niche est de forme carrée; cependant la paroi du fond s'arrondit légèrement vers le haut, de sorte que la cavité s'y trouve moins profonde qu'à la base.

Au-dessus de la niche était posée l'inscription damasienne. Les fragments retrouvés ont permis à M. de Rossi de la rétablir entière, c'est un chef-d'œuvre de sagacité. Nous sommes heureux de pouvoir la reproduire [1]:

*Aspice descensu extruc*TO TENEBrISQ . FVGATIS
*Corneli monumenta vides t*VMVLVm*q*. SACRATVM
*Hoc opus ægroti Da*MASI PRAesTANTIA FECIT

[1] Les caractères en italiques sont ceux que M. de Rossi a restitués.

*Esset ut accessus me*LIOR POpuLISQ. PARATVM
*Auxilium Sancti, et v*ALEAS SI FVNDERE PVRO
Corde preces, Damasus MELIOR CONSVRGERE POSSET
*Quem, non lucis amo*R. TENVIT MAGE CVRA LABORIS.

 " Voyez, un escalier fut construit, les ténèbres sont
„ chassées ; vous contemplez le monument de Corneille et
„ sa tombe sacrée. Cette œuvre, le zèle de Damas l'accom-
„ plit, tout malade qu'il était, pour faciliter l'accès près
„ du Saint, et procurer au peuple un secours assuré. Si
„ vous voulez, d'un cœur pur, répandre vos prières, demandez
„ que Damase puisse revenir à la santé ; non qu'il aime la
„ vie, mais la sollicitude de sa charge le retient ici-bas. „

C'est donc à Saint Damase, ces vers nous l'apprennent, qu'est dû l'escalier qui rendit à la foule l'accès de la crypte plus facile. Les derniers mots du petit poème nous montrent le saint Pontife, jusqu'à ses derniers moments, poursuivant avec zèle sa pieuse entreprise pour restaurer les Catacombes. Sa voix était déjà défaillante, qu'il chantait encore les louanges des saints Martyrs.

Au bas du tombeau était une autre inscription ; on en voit quelques lettres restées adhérentes au monument ; mais elles n'étaient point l'œuvre de Damase, les caractères, quoique d'une belle facture, non sont pas du type filocalien.

C'est en l'an 252 que Saint Corneille fut déposé dans ce tombeau ; son martyre avait eu lieu le 16 de septembre. S'il ne fut point enseveli au cimetière même de Calixte, auprès des autres Pontifes Romains, mais dans la crypte de Lucine, c'est que là était la sépulture de sa famille, les *Cornelii*, de la parenté, ou de la clientéle de cette noble matrone. Saint Corneille fut le premier Pape qui appartint à l'une des plus grandes familles romaines. Il semble que les siens aient voulu rappeler ce fait par une sépulture distincte, et affirmer son origine et sa race, jusque dans l'inscription de son tombeau, en la formulant dans la vieille langue de la République: CORNELIVS MARTYR.

La langue grecque était fort répandue à cette époque et très en honneur dans la haute société Romaine. L'Église elle-même l'avait adoptée pour sa langue officielle. De là tous ces mots grecs de la langue liturgique: *hymne, psaume, liturgie, homélie, catéchisme, baptême, eucharistie, diacre, prêtre, évêque, pape, église, cimetière, paroisse, diocèse*, et tant d'autres. Aussi tous les noms des Pontifes trouvés dans la crypte papale sont-ils écrits en caractères grecs, alors même qu'ils sont romains d'origine, comme ΛΟΥΚΙΟ pour LVCIVS.

Toute la crypte de Saint-Corneille dut être soutenue par des constructions en briques qui datent des premiers siècles de la paix, le tuf étant peu solide dans cette région. On remarque surtout deux grands pilastres élevés de chaque côté du tombeau, pour consolider la paroi de la crypte et celle du grand lucernaire qui lui envoie le jour. Ils sont revêtus d'un beau stuc, ainsi que le tombeau. A droite et à gauche, se voient, géminées, les images de quatre personnages.

A droite, ce sont Saint Corneille et Saint Cyprien, leurs noms sont tracés à côté en écriture verticale.

On sait les rapports que les deux Saints eurent ensemble pendant leur vie ; ils restèrent encore unis après leur mort. Tous deux furent couronnés d'un glorieux martyre, qu'ils subirent le même mois et le même jour, quoique non la même année. L'Église a réuni leur *natale* dans la célébration d'une même solennité, et les fidèles de Rome ont rapproché leurs images dans la même crypte, quoiqu'ils n'y fussent pas tous deux ensevelis. Un des auteurs des itinéraires du Moyen-Age, trompé par la réunion de ces images, l'a cru et redit, mais il n'est pas besoin de le réfuter. Enfin, leurs précieuses reliques furent transportées à Compiègne, en France, sous Charles-le-Chauve, les unes de Rome, les autres de Carthage, pour n'être plus séparées.

Sur le pilastre de gauche, ce sont les images de Saint Sixte et de Saint Optat, Évêque de Verceter, qui sont retracées. Saint Sixte, nous le savons, fut enseveli dans la crypte des Papes, et Saint Optat, dans le cimetière de Calixte, auprès de Saint Sixte et de Sainte Cécile. Nous avons reconnu le lieu exact de sa sépulture, dans la crypte même de Saint-Eusèbe. Ce fut donc uniquement la célébrité de ces deux Saints qui fit peindre leurs images auprès du tombeau de Saint Corneille, et non la pensée qu'ils auraient été ensevelis au même lieu.

Toutes ces fresques sont du style byzantin, et probablement du huitième siècle, époque d'importantes restaurations entreprises dans les Catacombes, par les derniers Papes qui tentèrent de les sauver de la ruine et de l'oubli.

En avant des images des Saints Corneille et Cyprien, à droite du tombeau par conséquent, est dressé un gros bloc en maçonnerie, revêtu de stuc grossier, ayant la forme d'un tronçon de colonne, dont il est difficile de définir exactement l'emploi. Était-ce le support de la table de marbre sur laquelle s'offrait le sacrifice? était-ce plutôt la colonne qui soutenait ces grands vases d'huile parfumée, où brûlaient, devant les tombes des martyrs, des morceaux de papyrus, analogues à nos modernes veilleuses? Nous ne saurions en décider.

Remarquons, à propos de ces huiles saintes, que les pèlerins en recueillaient dans de petits vases de verre, et les emportaient pour les garder avec piété dans leurs maisons. Ce furent là les premières reliques. L'Église, alors, ne permettait pas que l'on touchât aux ossements des saints, ni que leurs corps fussent divisés. Les huiles qui brûlaient en leur présence étaient le pieux souvenir qu'en emportaient ceux qui les avaient visités. Ainsi de nos jours encore, les fidèles après avoir prié devant quelque tombeau sacré, ou près de quelque image miraculeuse de la Vierge Marie, se signent le front de l'huile de la lampe qui claire devant ces augustes reliques. Tant il est vrai que tous nos usages religieux ont leur racine dans le plus lointain passé.

Enfin, nous ne pouvons oublier un humble graffite, important toutefois, qui se lit dans le centre de l'un des arcs, à l'entrée de la crypte. Il est gravé sur l'enduit, en écriture cursive: *SCS Cerealis et Sallustia cum XXI*. Or, les actes du martyre de Saint Corneille font mention de Saint *Cerealis* et de Sainte *Sallustia*, qui, avec vingt et un compagnons, furent ensevelis près de lui, dans une cripte du cimetière de Calixte. Comme on ne pouvait reconnaître la place de leur sépulture, on doutait de la vérité de ce texte. Mais voici que l'œil exercé de l'archéologue a su découvrir ces caractères, presque invisibles, peut-être contemporains de la déposition, qui viennent à point restituer à l'existence même de ces martyrs une indiscutable certitude. Resterait un doute pourtant sur l'époque précise du graffite, à cause du sigle *SCS* qui ne peut être du siècle de Saint Corneille et des Saints *Cerealis* et *Sallustia*. Mais il est aisé de reconnaître, avec M. de Rossi, que ces trois lettres semblent avoir été ajoutées longtemps après l'inscription du graffite, par une main pieuse du cinquième ou sixième siècle.

A la suite de la crypte de Saint-Corneille, se trouve une autre chambre plus vaste, mais qui ne renferme rien de bien digne d'attention. C'était, comme nous l'avons remarqué partout, le complément nécessaire de la crypte du martyr, pour faciliter à plus de fidèles le moyen de prendre part aux saints mystères, près de son tombeau.

CHAPITRE QUINZIÈME.

**Le Cimetière de Lucine.
II. Cryptes diverses.**

I.

En quittant la chambre vénérée où reposa Saint Corneille, nous ne pouvons nous défendre d'une légitime émotion, à cause des grands souvenirs qu'elle rappelle. De là nous revenons par les voies L et G au pied de l'escalier, où nous trouvons la belle et haute galerie B, qui nous conduit à deux chambres remarquables C et E, placées à son extrémité.

Une grande quantité de débris d'inscriptions, de fragments de sarcophages, dont le plus grand nombre ne sont pas de l'art chrétien, furent trouvés parmi les ruines qui encombraient l'ambulacre B, et sont déposés le long de ses parois.

La chambre C fut creusée à deux époques et à deux niveaux différents. Deux ouvertures, pratiquées dans la paroi, pour amener l'air et la lumière du côté de l'escalier, font penser que le corps de quelque martyr illustre y fut déposé et vénéré par la foule des pèlerins, aux âges de la paix. La voûte est plane, et décorée de l'image du bon Pasteur entre deux arbres; le temps l'a fort endommagée.

La chambre suivante E, dans laquelle on arrive par un large et court passage D, est moins élevée que la première. La décoration est fort commune; ce sont de simples lignes de diverses couleurs, tracées sur le revêtement, en forme de bordure. On y voit cependant de petits oiseaux qui volent, ou qui se posent sur des rameaux d'arbres, et deux gros paons assez grossièrement dessinés. A la voûte est encore l'image du bon Pasteur, mais entre deux brebis; il porte sur ses épaules la brebis infidèle, et tient un vase à la main.

Dans le passage D, qui relie ces deux chambres, a été taillé plus tard un troisième *cubiculum*, dont l'*arcosolium* ne paraît pas avoir servi de sépulture. C'est là un de ces exemples d'excavations pratiquées à l'avance, dans la dernière période des cimetières souterrains, et que les *fossores* vendaient ensuite aux fidèles désireux de posséder une sépulture *auprès des Saints*, ou *derrière la crypte des Saints*, comme d'autres avaient la dévotion d'être ensevelis dans la crypte même des Saints. Trop souvent, nous l'avons redit et déploré, des fossoyeurs peu scrupuleux eurent la faiblesse, pour leur complaire, de violer les sepulcres les plus sacrés, d'y creuser même, en détruisant les plus belles peintures, de peu intéressants *loculi*.

II.

Revenons au pied de l'escalier A, et prenons à droite le passage, 1, d'excavation moderne, qui nous introduit dans une nouvelle galerie U, laquelle nous conduit à la plus ancienne partie de l'hypogée. Après quelques pas, nous rencontrons un escalier de sept à huits marches; il nous amène au niveau des excavations primitives, près des chambres X et Y, placées à droite, d'un même côté de la voie. Elles sont revêtues l'une et l'autre d'un stuc blanc et fin, ce qui déjà marque une haute antiquité. Les figures aussi sont du style des meilleurs temps. Nous sommes donc au lieu même où durent être ensevelis les premiers possesseurs de l'*area*. Qu'il est regrettable que leurs sépulcres aient été dévastés, les marbres enlevès, et les inscriptions, certainement précieuses pour l'histoire, dispersées et brisées, sans qu'on en retrouve la trace!

La première chambre X, est presque toute ravagée; ce qui l'on voit encore des anciennes fresques n'est pas sans prix. Ce sont de gracieux oiseaux, qui semblent se réjouir au milieu d'un jardin de délices; c'est le baptême du Sauveur que saint Jean retire de l'onde où il vient de le plonger; ce sont de restes de décors à la voûte que nous retrouverons plus complets dans la chambre suivante.

La seconde chambre Y, en effet, est mieux conservée que la première. Le plafond est presque intact; les décors de la voûte y forment une croix très marquée. Elle n'était peut-être pas dans la pensée du peintre, mais elle se trouve admirablement dessinée pour des Chrétiens, et, pour des payens, parfaitement dissimulée. Au centre de la voûte est l'image du bon Pasteur, si cher aux premiers fidèles. Dans les quatre angles, sont placées alternativement des images du bon Pasteur encore et de l'orante, non moins prodiguée dans les plus anciens temps. Enfin, des génies, qui paraissent symboliser les saisons; des têtes fantaisistes, qui probablement ont le même objet; des oiseaux, des fleurs ornent les intervalles des divers encadrements. Ces derniers sujets semblent payens, mais j'estime que l'artiste, pour ne point trahir sa pensée aux yeux des infidèles, les a choisis à dessein en harmonie avec le symbole chrétien du bon Pasteur, qui était le fond de son sujet.

Les murailles de la chambre sont aussi décorées. Nous y retrouvons le couple d'oiseaux au milieu d'arbres et de fleurs; et, faisant pendant à ce sujet, le couple d'humbles moutons placés dans un jardin aussi, de chaque côté d'un cippe, sur lequel est un vase de lait. Ces symboles nous sont connus; ce sont d'une part les âmes bienheureuses au paradis, et l'autre part les fidèles retenus encore dans les épreuves et les embarras de la terre.

Enfin, dans les intervalles des *loculi*, se retrouvent aussi des sujets anciens et dont nous avons parlé: des poissons, figure du Christ; le monstre marin de Jonas, qui rappelle la résurrection; ce même prophète couché sous la cucurbite, qui fait souvenir de la pénitence des Ninivites; puis encore des poissons, qui nagent en portant sur leur dos la corbeille où sont placés le pain et le vin, symboles de l'Eucharistie.

On reconnaît à tous ces signes mystérieux que l'on se trouve dans l'une de ces cryptes primitives, où les fidèles des premiers jours du Christianisme aimaient à épancher en liberté leurs sentiments de foi, d'espérance, de charité pour le Christ Sauveur. Qui ne voit par toutes ces antiques peintures, que toutes les pensées se reportaient perpétuellement vers le Pasteur; que toute force se puisait dans l'Eucharistie, qui est le Christ encore; que toutes les espérances se tournaient vers le jardin délicieux dont le Christ, toujours le Christ, sera l'éternel berger? Il y a là comme un reflet des premières prédications évangéliques.

Mais, qu'on ne l'oublie pas, nous tenons à le redire, le pivot de la vie chrétienne ç'a toujours été, et ce sera toujours la divine Eucharistie: *le vrai pain, et le poisson d'eau vive*, comme l'appelle Saint Paulin de Nole [1].

III.

En quittant ces chambres vénérables, auxquelles appartiendrait peut-être plus qu'à toutes les autres le titre de *berceau des Catacombes*, nous revenons encore vers l'escalier, qui est le point où maintenant convergent toutes les voies de la Crypte de

---

[1] Ép. XIII, édit. Véron. p. 397.

Lucine. Je dis maintenant, car le chemin primitif, pour pénétrer dans cet hypogée, était au contraire tout près des chambres que nous venons de visiter, au point Z, où l'on en voit encore les traces.

A l'extrémité de la galerie U, nous entrons par un petit passege, sous le grand escalier A, et nous descendons par un autre escalier *a*, dans l'étage inférieur, le troisième de l'*area*. Là nous trouvons à droite la voie *b*, dans laquelle nous devons nous avancer.

La première partie de cet ambulacre est assez large, et l'on y voit de nombreux *loculi*, dont quelques-uns, qui n'ont pas été violés, attirent particulièrement notre attention.

Le premier, 65, porte deux noms écrits en lettres grecques : ΡΟΥΦΙΝΑ, ΕΙΡΗΝΗ (*Rufine, Irène*). La croix grecque est gravée au-dessous. C'est l'un des rares exemples, où l'on voie la figure de la croix nettement dessinée sur les sépulcres, à l'époque des persécutions.

Le second, 66, porte un seul nom, en caractères latins : VRBICA ; mais, à droite, se voit un arbre, dont un oiseau vient becqueter les fruits, et à gauche, une ancre, figure dissimulée de la croix et symbole de l'espérance.

Un troisième, 67, dont la tablette est ébréchée, porte un nom grec ΕΟΠΕΡΟϹ (*Esperos*), accompagné de l'ancre, où la figure de la croix est plus nettement accusée que dans l'épitaphe précédente.

Un quatrième enfin, 69, qui se trouve dans la partie de l'ambulacre réduite à la largeur ordinaire, est fermé par une tablette, sur laquelle on lit, écrit en grands caractères assez corrects, le nom : FAVSTINIANVM. Trois symboles sont gravés au-dessous : l'ancre cruciforme, une colombe portant dans ses serres un rameau d'olivier, et un agneau couché qui tourne ses regards vers la colombe. Tout cet ensemble symbolise l'âme fidèle, qui, après avoir mis son espérance dans la croix, s'envole dans la paix, où l'appelle l'Agneau, le Christ immolé pour son salut.

Quelle simplicité dans ces épitaphes funéraires, et quels sentiments elles expriment !

Au point, 68, entre les deux derniers *loculi*, dont nous venons de parler, il en est un autre qui fut trouvé clos et intact pareillement, mais il ne se lisait aucune inscription sur la pierre qui le fermait. Quand on l'eut ouvert, un squelette de femme y fut reconnu ; il gardait encore des restes de vêtements de pourpre et de tissus d'or, assez bien conservés. C'est l'indice, ce que l'on savait d'ailleurs, que les premiers Chrétiens se recrutaient dans les plus riches classes de la société, comme dans les plus pauvres, mais que les uns et les autres, se regardant comme frères, se faisaient ensevelir ensemble, sans distinction, sans faste, et sans ostentation.

Ici se termine notre pieuse visite des lieux les plus vénérés et les plus intéressants des Catacombes. C'est par cet hypogée peut-être que nous aurions dû commencer, pour suivre l'ordre chronologique du développement du cimetière de Calixte ;

mais nous avons voulu le réserver pour le dernier moment, afin de garder de cette touchante excursion comme un parfum des temps apostoliques.

———

En continuant de suivre la voie *b* dans la direction du groupe principal de Saint-Calixte, nous rencontrons à l'extrémité une excavation moderne, pratiquée dans une roche friable, à la manière dont sont creusés les méandres irréguliers des arénaires. Nous y remarquons de nombreux débris et un amoncellement de terre, soutenu par des fragments de marbre et de briques ; ce sont des ossements trouvés épars dans les galeries voisines, qui sont toutes ruinées. On a voulu sauver ces restes de la profanation, et leur rendre un respect légitime, en les réunissant dans cet endroit.

De ces passage nous entrons, à gauche, dans une galerie d'un petit labyrinthe, qui nous ramène en peu de temps à la crypte de Saint-Melchiade, de là dans l'*area* de Sainte-Cécile, puis au grand escalier P, le premier par lequel nous sommes descendus au cimetière de Saint-Calixte.

CONCLUSION.

Au sortir des Catacombes, nous ne pouvons nous défendre d'une émotion profonde et dont le souvenir sera durable. Les Catacombes cependant ne sont que des ruines; mais quelles ruines grandioses et éloquentes!

Au milieu de ces ruines, nous recomposions par la pensée la vie des premiers Chrétiens durant la période émouvante des pérsecutions; nous refaisions, par la vue des monuments, des pages entières de ces temps héroïques; nous suivions pas à pas le Christianisme dans ses développements, dans ses conquêtes; nous retrouvions là l'Église toujours la même, toujours militante, toujours près de succomber, mais toujours victorieuse.

Nous marchions à travers des monceaux de débris de toutes sortes: débris de marbres brisés, tronçons de colonnes renversées, fragments d'inscriptions mutilées, restes de peintures dévastées: tous objets qui semblent sans valeur. Et pourtant, quels enseignements nous avons recueillis de ces précieuses reliques, trop longtemps méconnues!

Les dogmes les plus consolants y sont hautement proclamés:

La foi, l'espérance, l'amour envers le bon Pasteur, Sauveur des âmes; la croyance aux grands mystères du Sacrifice, de l'Eucharistie, du Baptême;

l'attente de la Résurrection et d'une vie meilleure, dans la paix ;

Le culte de la Croix, signe adorable de la Rédemption ;

Le culte de la Vierge Marie, Mère du Christ ;

Le culte des Martyrs, de leurs tombeaux, de leurs ossements, de leurs images ;

Le culte des âmes saintes, et la confiance en leurs suffrages auprès de Dieu, dans le Paradis ;

Et enfin, la fraternité des fidèles, en ce siècle, et après la mort ; et l'efficacité de la prière des vivants, pour rafraîchir les âmes qui leur furent chères pendant la vie.

Dans les Catacombes tous les tombeaux sont brisés, violés et vides ; les restes des saints martyrs n'y sont plus. Toutefois, un religieux respect vous saisit ; la terre que vous foulez, que vous touchez, est tout imprégnée de la poussière des ossements des héros chrétiens, et l'air que vous respirez est tout embaumé encore du parfum si longtemps exhalé par tant de corps saints et sacrés.

Qui donc a vu, compris, senti ces choses, et n'en remporterait une profonde impression, un souvenir ineffaçable ?

C'est pourquoi nous concluons en répétant ce que nous avons dit tout au début : Désormais, de la Rome souterraine, des Catacombes chrétiennes, personne ne peut plus se désintéresser.

TABLE DES MATIÈRES.

	PAGE
Lettre de l'auteur à M. le Commandeur de Rossi	v
Introduction	vii

PREMIÈRE PARTIE.
Notions générales sur les Catacombes.

Chapitre I.	Origine et signification du mot *Catacombe*	1
Chapitre II.	Erreurs modernes sur l'origine et l'usage des Catacombes	4
Chapitre III.	L'origine chrétienne des Catacombes démontrée par la géologie du sol.	7
Chapitre IV.	Condition sociale de l'Église aux premiers siècles	11
Chapitre V.	Commencements des Cimetières chrétiens	17
Chapitre VI.	Les rites chrétiens pour les sépultures aux Catacombes	21
Chapitre VII.	Interdiction des Cimetières chrétiens	27
Chapitre VIII.	Les Catacombes après la paix	32
Chapitre IX.	Découverte des Catacombes	39
Chapitre X.	Topographie générale des Catacombes. — I. La Rome Souterraine	43
Chapitre XI.	Topographie générale des Catacombes. — II. Les Galeries	46
Chapitre XII.	Topographie générale des Catacombes. — III. Les Sépulcres	52
Chapitre XIII.	Topographie générale des Catacombes. — IV. Les chambres sépulcrales	56

		PAGE
Chapitre XIV.	Les Inscriptions des Catacombes. — I. Les Épitaphes des tombeaux	63
Chapitre XV.	Les Inscriptions des Catacombes. — II. Les Inscriptions Damasiennes.	75
Chapitre XVI.	Les Inscriptions des Catacombes. — III. Les Graffites	84
Chapitre XVII.	Les Peintures des Catacombes	92
Chapitre XVIII.	Les Peintures des Catacombes. — I. Symboles idéographiques	95
Chapitre XIX.	Les Peintures des Catacombes. — II. Allégories ou Paraboles.	101
Chapitre XX.	Les Peintures des Catacombes. — III. Sujets bibliques	106
Chapitre XXI.	Les Peintures des Catacombes. — IV. Traits de la vie des Saints ou des annales de l'Église	111
Chapitre XXII.	Les Peintures des Catacombes. — V. Scènes liturgiques	115
Chapitre XXIII.	Les Peintures des Catacombes. — VI. Images hiératiques du Christ, de la Vierge et des Saints.	121
Chapitre XXIV.	Des autres Peintures et des objets divers trouvés aux Catacombes	125

SECONDE PARTIE.
Le Cimetière de Saint-Calixte.

Chapitre I.	Les abords du Cimetière de Saint-Calixte	131
Chapitre II.	Création et développement du Cimetière de Saint-Calixte.	138
Chapitre III.	La découverte du Cimetière de Saint-Calixte	147
Chapitre IV.	La Chrypte des Papes	154
Chapitre V.	Les Martyrs illustres de la Crypte des Papes	161

		PAGE
Chapitre VI.	La Crypte de Sainte-Cécile.	172
Chapitre VII.	Les galeries du Cimetière de Saint-Calixte. — Galeries des Sacrements	180
Chapitre VIII.	La Crypte et l'*area* de Saint-Melchiade	188
Chapitre IX.	La Crypte et l'*area* de Saint-Eusèbe.	199
Chapitre X.	La Crypte des martyrs Parthène et Calocère	213
Chapitre XI.	Le Cimetière de Sainte-Sotère. — I. La première *arca*	216
Chapitre XII.	Le Cimetière de Sainte-Sotère. — II. Les *areæ* II, III, IV.	227
Chapitre XIII.	Le Cimetière de Sainte-Sotère. — III. La Chambre des Brebis	238
Chapitre XIV.	Le Cimetière de Lucine. — I. La Crypte de Saint-Corneille	243
Chapitre XV.	Le Cimetière de Lucine. — II. Cryptes diverses	250
	Conclusion	258

FIN.

REIMPRIMATUR

P. Fr. Raphael Pierotti O. P. S. P. A.
Magister.

REIMPRIMATUR

Julius Lenti Patriarch. Constantinop.
Vicesgerens.

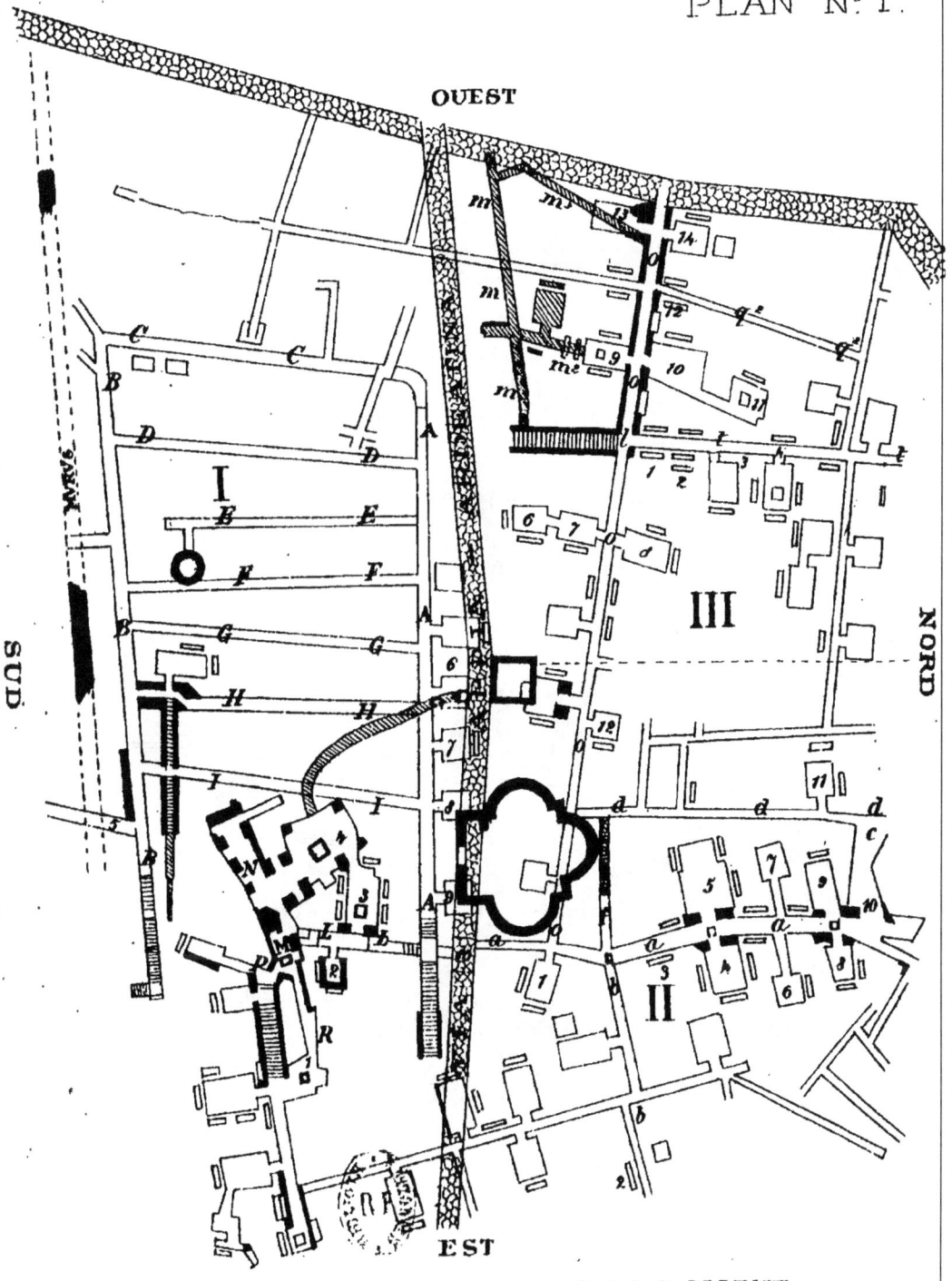

PLAN N.º I.

CIMETIERE DE CALLIXTE

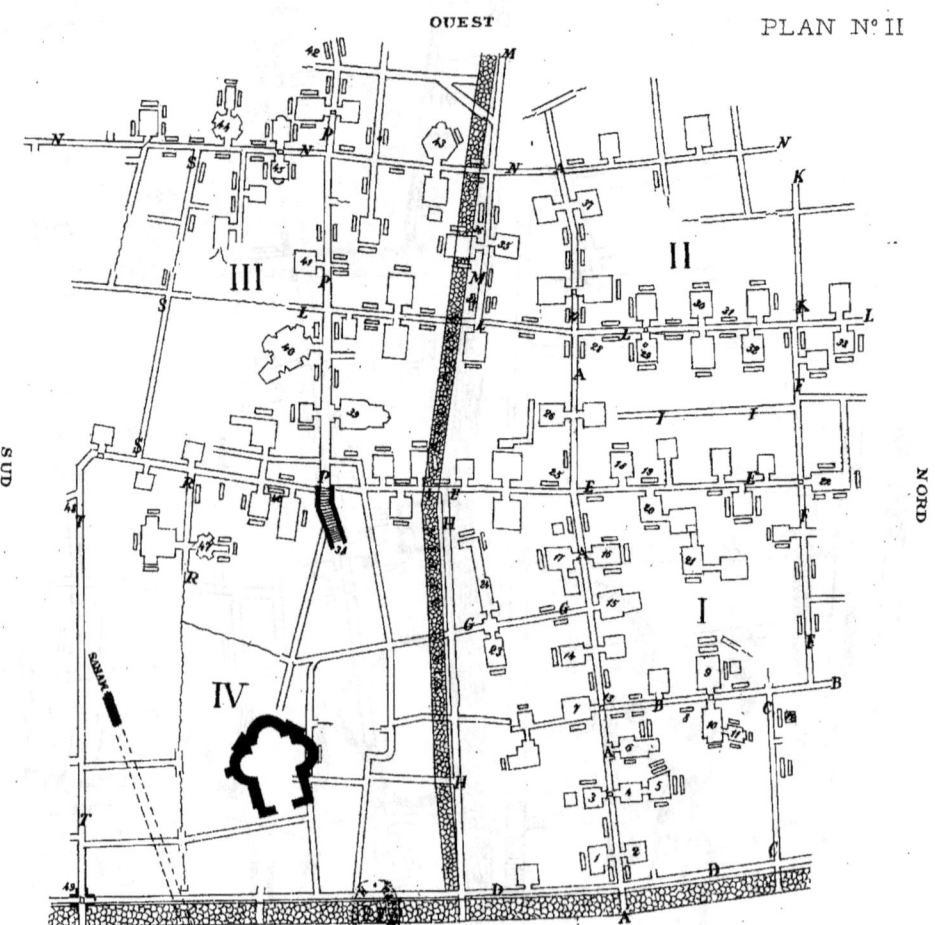

CIMETIERE DE SAINTE SOTERE

PLAN Nº III.

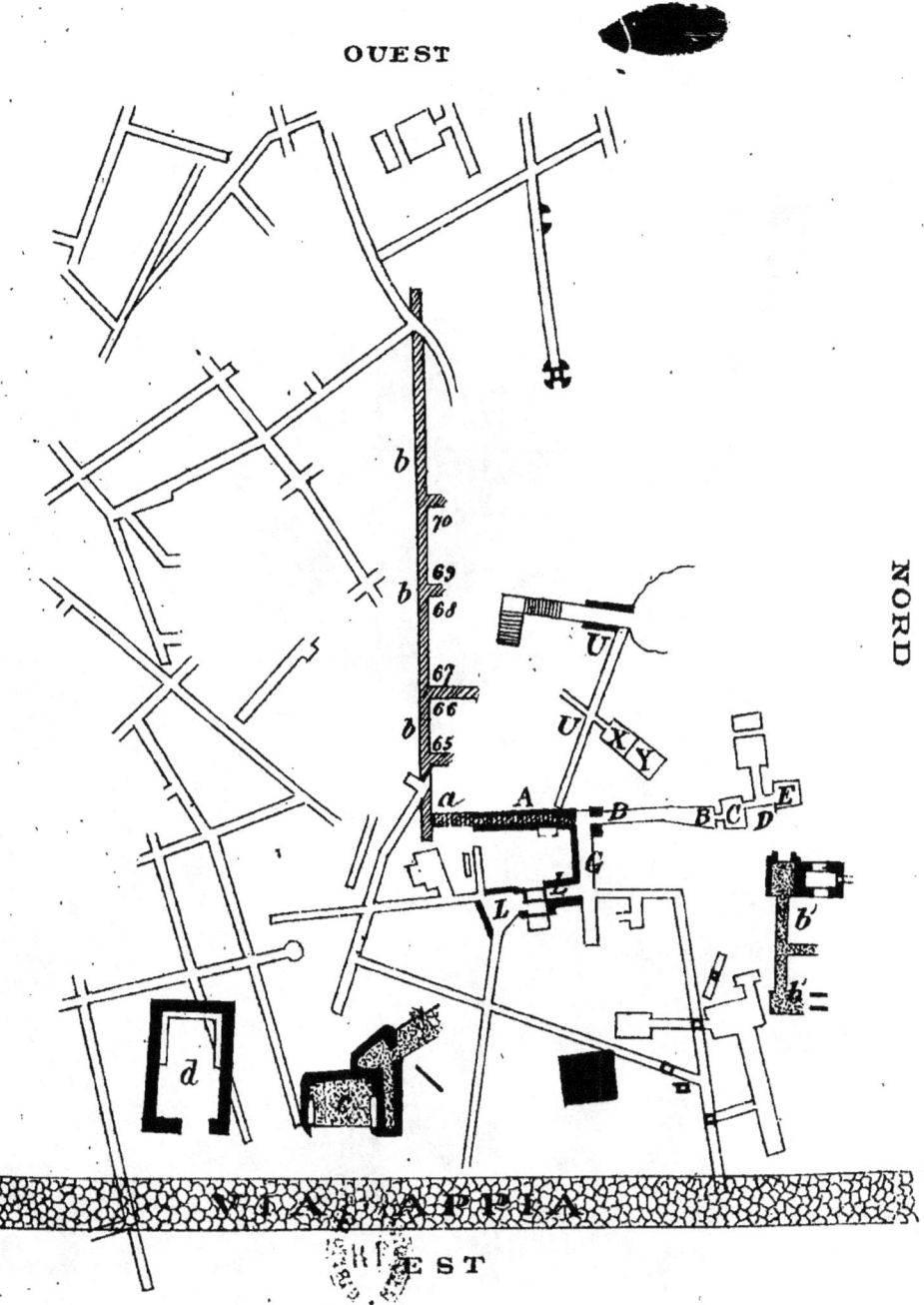

CRYPTE DE LUCINE

www.ingramcontent.com/pod-product-compliance
Lightning Source LLC
Chambersburg PA
CBHW062014180426
43200CB00029B/722